Macmillan Modern Languages

Series editor: Robert Clarke

£6·75

Passeport pour le français 2

Joan Clarke and Derek Utley
Language consultants: Josiane Gower and
John Gower

MACMILLAN
EDUCATION

Acknowledgements

The authors and publishers wish to thank the following who have kindly given permission for the use of copyright material:

Les Dernières Nouvelles d'Alsace for weather forecast and articles; Bayard Presse for letters from *Okapi*

IBM International for photographs on page 86

All other photographs were supplied by the series editor, Robert Clarke.

Every effort has been made to trace all the copyright holders but if any have been inadvertently overlooked the publishers will be pleased to make the necessary arrangements at the first opportunity.

First published 1987
Reprinted 1987, 1988

Published by
MACMILLAN EDUCATION LTD
Houndmills, Basingstoke, Hampshire RG21 2XS
and London
Companies and representatives
throughout the world

Printed in Hong Kong

British Library Cataloguing in Publication Data
Clarke, Joan
Passeport pour le français.—(Macmillan
modern languages)2
1. French language—Spoken French   2. French
language—Examinations, questions, etc.
I. Title   II. Utley, Derek
448.3'421   PC2112
ISBN 0—333—37329—4

Cassette ISBN 0—333—39041—5

Contents

Introduction

<table>
<tr><td>To the student</td><td>This book, and the cassette that goes with it, will help you to carry on learning French: to speak it, to understand what you hear and what you read, and to write it with reasonable accuracy.</td></tr>
</table>

Types of work   There are several different kinds of activities suggested. Sometimes you will work with the teacher, sometimes with a partner, sometimes by yourself. You will always have a task to undertake – to understand a dialogue or to say something to your partner, for example – so make sure you know exactly what the task is before you start.

Things to learn   There is a list of aims at the beginning of each lesson. These are what you should have learnt to do by the end of that lesson. The *Phrases clef*, the *Résumé*, and the *Vocabulaire* should be learnt by heart so that you can use them without hesitation when the situation arises.

Working together   If you have worked through *Passeport pour le français 1*, you will be familiar with the activities headed *Deux à deux*, when you and your partner look at different pages of the book and exchange information in French. If this kind of work is new to you, don't worry if you find it strange and, perhaps, difficult at first. Do persevere, as these activities help to prepare you to communicate in real situations, which is the most important reason for learning a language.

Understanding   When you are listening to or reading French, you will find it is often not necessary to recognise every word in order to understand the message. Concentrate first on the general meaning. Try to guess words you don't know or look them up in the Vocabulary at the end of the book. Sometimes difficult words are translated for you at the end of a reading passage; sometimes you may need to use a dictionary.

Grammar   When you come to express your own ideas in speech or in writing, you will need to apply certain rules of grammar to make your communication accurate enough to be easily understood. The most useful of these rules are explained in the *Grammaire* and the Grammar reference sections.

To the teacher

The two books in this course provide a five-term preparation for the GCSE examination.

Book 2 is arranged in eight lessons of which the seventh and eighth are intended to give practice in the sort of tasks likely to be set in the examination. The first six lessons present and practise the four language skills based on different situations. Each of these lessons follows an identical sequence to facilitate access.

Aims What the pupils should be able to do after working through the lesson.

Phrases clef Should be learnt by heart by every pupil.

Dialogues The target language presented in written and recorded form, for understanding, repetition and manipulation.

Résumé A schematic presentation of the topic vocabulary.

Activités A variety of exercises which try to create communicative situations, using the language already presented. Those activities headed *Deux à deux* involve pair work in which each of two partners looks at a different page and exchanges information. It is important that the nature of the task is fully understood before the work begins.

Exercices Writing tasks for drilling particular points, often of a grammatical nature.

Entendu Listening comprehension, mostly related to the theme of the lesson, but sometimes including some unrelated material. The tapescript is found at the end of the book but, obviously, pupils must be discouraged from referring to it.

Lecture Material for reading comprehension, of varying levels of difficulty. Most items are authentic documents, presented, where practicable, in their original form. For the most difficult passages, encourage the pupil in the correct use of a dictionary.

Grammaire Certain grammatical points occurring in the lesson are explained.

Vocabulaire Vocabulary related to the topic of the lesson. These words should be learnt by all pupils.

Reference material Found at the end of the book, this consists of:

Reminders Groups of basic vocabulary, learnt at an earlier stage, for revision and spelling checks.

Grammar reference An outline of the grammar found in Books 1 and 2, and including a table of irregular verbs.

Reference vocabulary Alphabetical list of the more difficult words found in this book. Encourage pupils to use this only when intelligent guessing and deduction have failed.

Tapescript The script of all listening comprehension material arranged in lessons.

C'était comment ?

How was it (handwritten)

Aims

1 **Travelling by plane and boat; going through Customs**

2 **Travelling by métro**

3 **Describing a past situation and how things used to be**

4 **Using adverbs**

Phrases clef

On prend l'avion

Pour Londres, il y a un vol tous les combien?
How often is there a flight to London?

Je dois arriver avant midi
I must arrive before 12 o'clock

Il y a un avion pour Marseille cet après-midi?
Is there a plane to Marseilles this afternoon?

Le vol dure combien de temps?
How long does the flight take?

Je dois partir tout de suite *I must leave at once*

Je voudrais réserver une place pour Londres, samedi prochain
I would like to reserve a seat for London next Saturday

Je voudrais une place dans la section non-fumeurs
I would like a seat in the non-smoking section

Je voudrais enregistrer mes bagages
I would like to register my luggage

On prend le bateau

À quelle heure y a-t-il des traversées de Calais à Douvres?
What time are the crossings from Calais to Dover?

C'est combien un billet de Boulogne à Folkestone?
How much is a ticket from Boulogne to Folkestone?

À quelle heure est-ce qu'on arrive à Douvres?
What time do we arrive at Dover?

Les aéroglisseurs partent tous les combien?
How often do the hovercrafts leave?

À la douane

Vous avez quelque chose a déclarer?
Have you anything to declare?

Je n'ai rien à déclarer *I have nothing to declare*

Ces valises sont à vous? *Are these your suitcases?*

Voulez-vous ouvrir cette valise, s'il vous plaît?
Will you open this suitcase, please?

On prend le métro

Est-ce qu'il y a une station de métro près d'ici?
Is there a métro station near here?

Un ticket, s'il vous plaît *Could I have one ticket, please*

Un carnet, s'il vous plaît *Ten tickets, please*

Pour aller au Louvre, c'est quelle ligne?
Which line do I take to go to the Louvre?

Est-ce qu'il faut changer? *Do I have to change?*

Dialogues

À l'aéroport

Après un mois de vacances en France, un jeune étudiant anglais a décidé de prendre l'avion pour rentrer en Angleterre. Il n'avait pas dépensé beaucoup d'argent et il pouvait donc acheter un billet d'avion de Paris à Londres. Il est arrivé à l'aéroport Charles-de-Gaulle à dix heures vingt-cinq.

Tim: – Je voudrais aller à Londres aujourd'hui. Il y a un vol tous les combien?

Employée: – Il y a un vol pour Londres toutes les deux heures, monsieur. Vous voulez partir tout de suite?

Tim: – Oui, aussitôt que possible.

Employée: – Vous venez de manquer le vol de dix heures trente, mais le prochain part à douze heures trente. C'est un vol British Airways.

Tim: – Et le vol dure combien de temps?

Employée: – Une heure, monsieur. Il arrive à Heathrow à midi et demi, heure locale.

Tim: – Je peux réserver une place ici?

Employée: – Oui. Vous voulez un aller simple ou un aller-retour?

Tim: – Un aller simple, s'il vous plaît.

Employée: – Dans la section fumeurs ou non-fumeurs?

Tim: – Non-fumeurs, à côté du hublot, si c'est possible.

Employée: – Voilà, monsieur.

Tim: – Où est-ce que je dois aller pour enregistrer mes bagages?

Employée: – Par là, au fond de la salle, à droite. Prenez un chariot, si vous voulez.

Tim: – Il y a un magasin hors taxes dans l'aéroport?

Employée: – Naturellement, monsieur. Vous passez par le contrôle des passeports et vous arrivez dans la salle de départs. Là, il y a plusieurs boutiques et un buffet aussi.

Tim: – Merci, mademoiselle.

Employée: – Au revoir, monsieur, et bon voyage!

Vous avez tout compris?

Écrivez *vrai*, *faux* ou *impossible à dire* pour chaque phrase:

1. Tim avait passé quatre semaines de vacances en France.
2. Il avait peu d'argent.
3. Il voulait rentrer chez lui en avion.
4. Il y avait un vol pour Londres à midi.
5. Tim voulait partir le lendemain.
6. Il était fatigué.
7. Il pouvait prendre l'avion de onze heures trente.
8. Tim ne fumait pas, probablement.
9. Il portait deux grandes valises.
10. Il faisait beau.

Au port

Une famille est arrivée à Calais en voiture. Malheureusement, ils étaient en retard. Le père s'est approché du bureau de renseignements.

Mr Smith: – Excusez-moi, monsieur, pouvez-vous m'aider? Nous avions des billets pour la traversée de dix heures ce matin. Nous avons, bien sûr, manqué ce bateau. Est-ce qu'on peut utiliser ces billets cet après-midi?

Employé: – Mais oui, monsieur.

Mr Smith: – Il y a une traversée à quelle heure?

Employé: – Eh bien. Vous avez manqué aussi la traversée de midi. La prochaine est à quatorze heures trente.

Mr Smith: – Et à quelle heure est-ce qu'on arrive à Douvres?

Employé: – Pas à Douvres, monsieur. C'est à Folkestone, à quinze heures quinze, heure locale.

Mr Smith: – Merci, monsieur.

Vous avez tout compris?

Answer these questions in English:
1. How did the Smith family travel to Calais?
2. Why was Mr Smith worried, when he knew he had missed the boat?
3. Which other crossing had they missed?
4. What time was the next crossing?
5. How long would the crossing take?

À la douane

Helen Barnett, une jeune Anglaise, est arrivée à l'aéroport Charles-de-Gaulle. C'était le début de son séjour en France avec la famille de sa correspondante. Elle passait par la douane quand un douanier l'a appelée.

Douanier: – Mademoiselle, venez par ici, s'il vous plaît. Vous avez quelque chose à déclarer?

Helen: – Absolument pas. Je n'ai que quelques petits cadeaux pour mes amis en France. C'est permis, je crois.

Douanier: – Ça dépend. Cette valise est à vous?

Helen: – Oui, monsieur, elle est à moi, et ce sac aussi.

Douanier: – Voulez-vous ouvrir votre valise, s'il vous plaît?

Helen: – Certainement.

Douanier: – Qu'est-ce qu'il y a dans cette boîte?

Helen: – Une bouteille de gin. Je vais la donner au père de ma correspondante.

Douanier: – Et dans ce paquet?

Helen: – C'est une peinture de la Tour de Londres. J'ai aussi du thé, une poupée, des chocolats et une cassette. Les voilà.

Douanier: – Très bien, mademoiselle. Vous pouvez refermer votre valise. Au revoir, mademoiselle et bon séjour.

Vous avez tout compris?

Répondez en français:
1 Où était Helen?
2 Est-ce qu'elle avait quelque chose à déclarer?
3 Qu'est-ce qu'elle portait comme bagages?
4 Il y avait combien de cadeaux dans sa valise?
5 Le gin, c'était un cadeau pour qui?

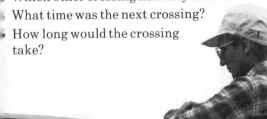

Dans le métro

Pendant son séjour, Helen a passé une journée seule à Paris. Pour se déplacer rapidement, elle a pris le métro. Mais avant de se mettre en route, elle a demandé des renseignements à sa correspondante, Francine:

Helen: – Qu'est-ce que je dois faire pour prendre le métro, Francine? C'est facile? C'est cher?

Francine: – Oui, c'est facile et non ce n'est pas du tout cher. D'abord, tu vas à la station de métro la plus proche. Pour nous, c'est Jasmin, à deux cents mètres d'ici. Là, tu achètes un ticket, ou, plutôt, un carnet.

Helen: – Un carnet? Qu'est-ce que c'est?

Francine: – Dix tickets. C'est beaucoup moins cher.

Helen: – Mais je vais prendre le métro peut-être deux ou trois fois aujourd'hui. Je n'ai pas besoin de dix tickets.

Francine: – Tu peux les utiliser demain ou la semaine prochaine.

Helen: – D'accord. Et puis, quelle ligne est-ce que je dois prendre?

Francine: – Il n'y a qu'une ligne à Jasmin, numéro neuf. Tu prends la direction Mairie de Montreuil pour aller au centre de Paris. Où vas-tu pour commencer?

Helen: – À la Tour Eiffel, naturellement.

Francine: – Ça, c'est très simple. Tu descends à Trocadéro.

Helen: – Est-ce qu'on paye toujours le même prix?

Francine: – Certainement. Avec un seul ticket tu peux aller n'importe où, même changer de ligne.

Helen: – Sensas! Mais qu'est-ce qu'il faut faire pour changer de ligne?

Francine: – Alors, tu as ton plan du métro? C'est assez facile de trouver la bonne ligne et de suivre le panneau 'Correspondance'. En tout cas, tu peux, tout simplement, demander au guichet.

Helen: – Merci, Francine. Je comprends maintenant.
Tu ne peux pas m'accompagner? C'est dommage.

Francine: – Oui, c'est dommage, mais demain, c'est mercredi. Pas de cours! On va en ville ensemble – en métro, bien entendu!

Vous avez tout compris?

Complétez ces phrases en choisissant la fin qui convient:

1 Helen a décidé
  a) de visiter des monuments à Paris
  b) d'aller à pied
  c) d'accompagner Francine

2 Francine
  a) a pris le métro
  b) a acheté un carnet
  c) a répondu aux questions d'Helen

3 La station de métro la plus proche, c'est:
  a) Trocadéro
  b) Jasmin
  c) Mairie de Montreuil

4 Helen avait besoin
  a) d'un ticket
  b) de deux ou trois tickets
  c) de dix tickets

5 Pour changer de ligne, on
  a) descend à Trocadéro
  b) achète un carnet
  c) suit le panneau 'Correspondance'

6 Francine ne pouvait pas accompagner Helen
  a) parce qu'elle avait des cours au collège
  b) parce qu'elle n'avait pas de plan du métro
  c) parce qu'elle ne comprena[it] pas le plan du métro

Helen prend le métro

Here are some of the short conversations that Helen had during her trip to Paris:

– Un carnet, s'il vous plaît.
– Voilà, Mademoiselle. Vingt-cinq francs.

– Pardon, monsieur, y a-t-il une station de métro près d'ici?
– Oui, mademoiselle, à cent mètres il y a Chaussée d'Antin.

– Pour aller à Notre Dame, c'est quelle ligne, s'il vous plaît?
– Vous prenez d'abord direction Mairie de Montreuil.
– Est-ce qu'il faut changer?
– Oui, vous descendez à Strasbourg St Denis et puis vous prenez la direction Porte d'Orléans.

– Pardon, madame, où est-ce que je dois descendre pour aller à Notre Dame?
– A Cité, mademoiselle. C'est tout près.

– C'est quelle station pour aller au Centre Pompidou?
– Rambuteau, mademoiselle.

Résumé

On prend l'avion ou le bateau

Il y a	un vol	tous les combien?
	un bateau	à quelle heure?
		cet après-midi?
		vers neuf heures, samedi matin?
Le vol		dure combien de temps?
La traversée		
Je dois		partir tout de suite
		aussitôt que possible
		arriver avant midi
Je voudrais		réserver une place pour Londres
		un billet pour Douvres
		une place dans la section non-fumeurs
		enregistrer mes bagages

À la douane

Avez-vous quelque chose		à déclarer
J'ai quelque chose		
Je n'ai rien		
Cette valise	est	à vous?
Ce sac		
Ces bagages	sont	
Voulez-vous ouvrir		cette valise?
		cette boîte?
		ce sac?
		ce paquet?

On prend le métro

Est-ce qu'il y a		
une	station de métro	près d'ici?
Quelle est la		la plus proche?
Un ticket	s'il vous plaît	
Un carnet		
Pour aller au Sacré Cœur, c'est		quelle ligne?
		quelle direction?
		quelle station?

11

Activités

Deux à deux (1)   À l'aéroport de Toulouse *See page 14*

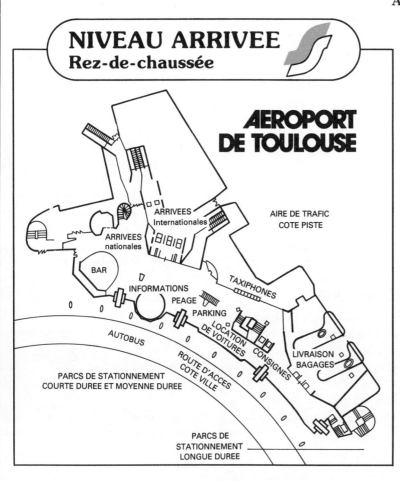

NIVEAU ARRIVEE
Rez-de-chaussée

AÉROPORT DE TOULOUSE

ARRIVEES Internationales

ARRIVEES nationales

AIRE DE TRAFIC COTE PISTE

BAR

TAXIPHONES

INFORMATIONS

PEAGE

PARKING

LOCATION DE VOITURES

CONSIGNES

LIVRAISON BAGAGES

AUTOBUS

ROUTE D'ACCES COTE VILLE

PARCS DE STATIONNEMENT COURTE DUREE ET MOYENNE DUREE

PARCS DE STATIONNEMENT LONGUE DUREE

A 1 Vous venez d'arriver, avec un copain, à l'aéroport de Toulouse. Votre copain vous pose quelques questions sur ce qu'on peut faire à l'aéroport. Répondez-lui à l'aide du plan suivant. (Vous vous trouvez devant les portes des 'Arrivées Internationales').

Voici quelques expressions pour vous aider:
en face   à gauche   à droite
au fond   devant les portes.

2 Vous repartez de l'aéroport avec votre copain. Cette fois c'est vous qui posez les questions, et votre copain qui consulte le plan. Vous vous trouvez dans le Hall d'enregistrement. Demandez-lui où vous pouvez

a) prendre les valises que vous avez laissées à la consigne
b) acheter un billet
c) acheter des timbres
d) acheter des chocolats francais pour un ami
e) boire quelque chose
f) changer de l'argent.

Deux à deux (2)   Utilisez les horaires *See page 14*

A 1 Regardez cet horaire de l'aéroport et répondez aux questions de votre copain.

2 Vous voulez voyager en avion de Toulouse à Paris. Demandez à votre copain
a) l'heure de départ du premier vol pour Paris, samedi matin
b) l'aéroport où il arrive à Paris
c) si c'est un vol direct
d) le type d'avion
e) le nom de la compagnie
f) l'heure d'arrivée

DEPART DE TOULOUSE (TOUTES HEURES LOCALES)

Villes Desservies	LU	MA	ME	JE	VE	SA	DI	VALIDITE	DEPART DE TOULOUSE	VIA	ARRIVEE A DESTINATION	TYPE AVION	COMPAGNIE ET N° de VOL
LILLE LIL	●	●	●	●	●				08 H 35	NTE	12 H 30	ND2/B9	962/302
	●	●	○	○	○				18 H 45	NTE	22 H 05	FK7	IJ308/968
LONDRES LHR : Heathrow LGW : Gatwick	●	●	●	●	●				08 H 45		09H45LHR	B737	AF1822
		●					●		17 H 15		17H55LGW	BA146	DA902
						●			19 H 45		20H20LGW	BA146	DA916
LYON LYS	●	●	●	●	●				06 H 45		07 H 55	FK7	IT574
	○	○	●	●	●				17 H 20		18 H 15	FK8	IT894
	●	●	●	●	○				18 H 30		19 H 25	CRS	IT674
							●		19 H 35		20 H 30	CRS	IT774
MADRID MAD	●	●	●	●	●				13 H 40		14 H 50	FK8	AF565
MARRAKECH RAK						●			12 H 50	BOD/CMN	19 H 00	B727	AT731/937
							●		18 H 00	BOD/CMN	23 H 20	B727	AT731/917

Comprendre les horaires

SIGNES ET ABREVIATIONS UTILISES DANS LES HORAIRES DIVERS

ILLES :

GA	AGADIR
G	ALGER
V	ANDORRE-LA-VIEILLE
D	BORDEAUX
F	CARCASSONE
G	ROISSY CHARLES-DE-GAULLE
N	CASABLANCA
E	CLERMONT-FERRAND
R	DAKAR
C	FIGARI
A	FRANCFORT
VA	GENEVE
L	LILLE
N	MILAN-LINATE
GW	LONDRES GATWICK
HR	LONDRES HEATHROW
YS	LYON
AD	MADRID
PL	MONTPELLIER
RS	MARSEILLE
CE	NICE
TE	NANTES
RN	ORAN
RY/W	ORLY-OUEST
AK	MARRAKECH
HE	REIMS
JN	TUNIS

APPAREILS :

AB3	AIRBUS
AGH	AUGUSTA 109
B727	BOEING 727
B737	BOEING 737
B99	BEECH 99
BA 146	BRITISH AEROSPACE 146
CRS	CARAVELLE XII
DAM	DASSAULT MERCURE
DC9	DOUGLAS DC9
EMB	BANDEIRANTE
FK7	FOKKER 27
FK8	FOKKER 28
ND2	NORD 262
SW4	MERLIN

ABREVIATIONS :

LU	LUNDI
MA	MARDI
ME	MERCREDI
JE	JEUDI
VE	VENDREDI
SA	SAMEDI
DI	DIMANCHE

COMPAGNIES :

AF	AIR FRANCE
AH	AIR ALGERIE
AT	ROYAL AIR MAROC
DA	DANAIR
DR	AIR LITTORAL
FU	TOURAINE AIR
IJ	TRANSPORT
IT	AIR INTER
SR	SWISSAIR
TU	TUNIS-AIR
WL	Compagnie Aérienne du Languedoc

VOLS TRICOLORES

● **Vols rouges :** ouverts aux passagers payant plein tarif et aux passagers abonnés.
○ **Vols blancs :** ouverts à tous les passagers y compris abonnés et bénéficiaires de certaines réductions et tarifs réduits.
● **Vols bleus :** sur ces vols les Compagnies consentent les réductions applicables sur vols blancs, mais offrent en outre des tarifs réduits et avantages particuliers.
Pour un complément d'informations consulter les Compagnies Aériennes. **13**

Use this page of information to answer a few questions from a friend who is going to use Toulouse Airport:

1 How many London airports can you fly to and from?
2 Do British Airways fly there?
3 Do many British planes use the airport?
4 Internal (French) airlines have a three-tier price system, which is colour-coded. Which colours show flights which
   a) offer no special reductions
   b) offer some reductions
   c) offer a range of special reductions.

Deux à deux (3)   Prenez le métro   *See page 15*

A 1 You and your partner are at Jasmin métro station.
Your partner has a plan of the métro.
   a) Say you want to go to each of the places shown in the photographs
   b) Ask which station you need
   c) Ask which direction to take
   d) Ask if you have to change.
2 You and your partner are at St-Lazare métro station.
Your have a plan of the métro.
Your partner will ask how to get to five different places.
Use the plan and this information to answer your partner's questions:
Sacré Cœur: métro Abbesses
L'Arc de Triomphe: métro Charles de Gaulle – Étoile
La Tour Eiffel: métro Trocadéro
La Tour Montparnasse: métro Montparnasse–Bienvenue
Le Louvre: métro Louvre

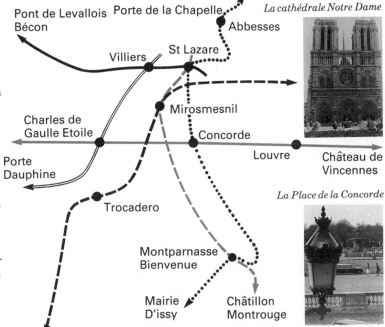

Pont de Levallois Bécon — Porte de la Chapelle — Abbesses — Villiers — St Lazare — Mirosmesnil — Charles de Gaulle Etoile — Concorde — Louvre — Château de Vincennes — Porte Dauphine — Trocadero — Montparnasse Bienvenue — Mairie D'issy — Châtillon Montrouge — Pont de Sèvres

La cathédrale Notre Dame

La Place de la Concorde

Les Galeries Lafayette   *Le Centre Pompidou*   *Les Champs Élysées*

Deux à deux (1)   À l'aéroport de Toulouse *See page 12*

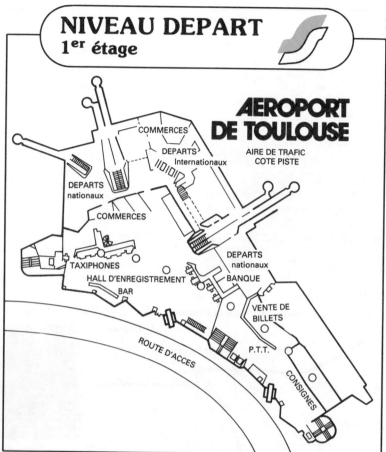

B 1 Vous venez d'arriver, avec un copain, à l'aéroport de Toulouse. Vous vous trouvez devant les portes des 'Arrivées Internationales'. Posez des questions à votre copain, qui a un plan, pour savoir où l'on peut
   a) laisser une valise
   b) appeler un taxi
   c) boire quelque chose
   d) savoir si un certain avion est déjà arrivé
   e) louer une voiture
   f) prendre un autobus.

2 Vous repartez de l'aéroport avec votre copain. Cette fois c'est vous qui avez le plan, et c'est votre copain qui pose les questions. Répondez-lui à l'aide du plan suivant. Vous vous trouvez dans le Hall d'enregistrement, devant les portes.
   Voici quelques expressions pour vous aider: en face   à gauche   à droite   au fond.

Deux à deux (2)   Utilisez les horaires *See page 12*

DEPART DE TOULOUSE (TOUTES HEURES LOCALES)

Villes Desservies	FREQUENCE							VALIDITE	DEPART DE TOULOUSE	VIA	ARRIVEE A DESTINATION	TYPE AVION	COMPAGNIE ET N° de VOL
	LU	MA	ME	JE	VE	SA	DI						
PARIS CH. DE GAULLE CDG	●	●	●	○	○				08 H 55		08 H 20	CRS	IT566
	○	●	●	●	●				10 H 35		12 H 00	CRS	IT666
						●	●		13 H 45		15 H 05	DAM	IT766
	●	●	●	●	●	●	●		14 H 20		15 H 40	AB3	IT866
PARIS ORLY OUEST ORLY / W	●	●	●	●	○	●			07 H 15		08 H 25	AB3	IT048
					○		●		08 H 00		09 H 10	AB3	IT148
	○	○	○	○	●				08 H 30		09 H 40	AB3	IT248
					○				09 H 10		10 H 20	DAM	IT348
	●	●	●	●	●	●	●		11 H 15		12 H 25	AB3	IT448
		○	●	●	●	●	●		15 H 45		16 H 55	AB3	IT548
	○	●	●	●	●	●	●		17 H 15		18 H 25	AB3	IT648
						●	○		17 H 55		19 H 15	B727	IT896
	○	●	●	●	●	●	○		19 H 00		20 H 10	AB3	IT748
			○	○	●				20 H 40		21 H 55	CRS	IT848
						○			20 H 45		22 H 05	B737	IT986
	●	●	●	●	○		●		21 H 40		22 H 50	AB3	IT948

B 1 Vous voulez voyager en avion de Toulouse à Londres. Demandez à votre copain
   a) l'heure de départ du premier vol, lundi matin
   b) l'aéroport où il arrive à Londres
   c) l'heure à laquelle il arrive
   d) si c'est un vol direct
   e) le nom de la compagnie
   f) le type d'avion

2 Regardez cet horaire de l'aéroport, et répondez aux questions de votre copain.

Deux à deux (3)   Prenez le métro   *See page 13*

B 1 You and your partner are at
Jasmin métro station.
You have a plan of the métro.
Your partner will ask how to
get to five different places.
Use the plan and this
information to answer your
partner's questions:

Champs Élysées:
métro Franklin D. Roosevelt

Centre Pompidou: métro Rambuteau

Place de la Concorde: métro Concorde

Galeries Lafayette:
métro Chaussée d'Antin

Notre Dame: métro Cité

2 You and your partner are at
St-Lazare métro station.
Your partner has a plan of
the métro.
a) Say you want to go to each
of the places shown in the
photographs
b) Ask which station you need
c) Ask which direction to take
d) Ask if you have to change

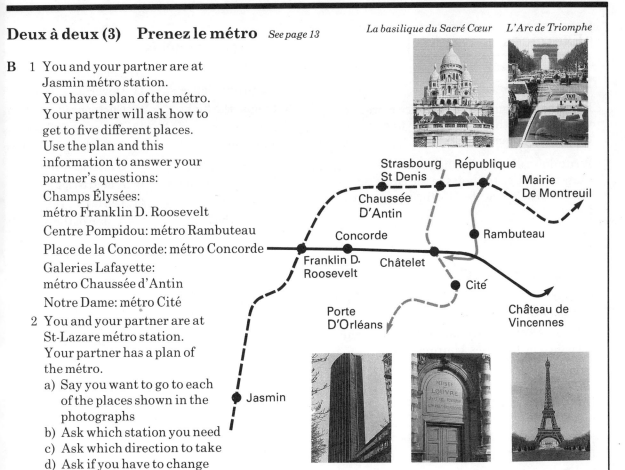

La basilique du Sacré Cœur   *L'Arc de Triomphe*

Les lignes aériennes

Identify the country where each airline is based;
write down the number of the airline with the
letter of the country: *For example* 1 e

Answers are on page 19

1	BA	a	Grèce
2	SAS	b	Italie
3	OLYMPIC	c	Hollande
4	BRITISH CALEDONIAN	d	Irlande
5	LUFTHANSA	e	Grande-Bretagne
6	IBERIA	f	Russie
7	ALITALIA	g	États-Unis
8	PANAM	h	Écosse
9	JAL	i	Scandinavie
10	KLM	j	Espagne
11	AEROFLOT	k	Japon
12	AER LINGUS	l	Allemagne

Exercices

L'imparfait

Read the dialogues carefully once more and write down all the verbs you can find that are in the imperfect tense.

Write down also the English equivalent of all these verbs. Use the notes in the *Grammaire* section to help you identify them and translate them.

C'était comment?

Read these short accounts then write the best conclusion to each one, choosing from those given.

1 Nous sommes entrés dans le Centre Pompidou où il y avait beaucoup de choses à faire et à voir.
2 Devant le Centre un homme en costume de clown faisait un numéro.
3 Ma mère a voulu voir des peintures modernes au musée d'art, mais ça je n'ai pas aimé.
4 Nous avons vu cinq monuments dans une seule journée.
5 Soudain, un homme a saisi mon sac et m'a poussée très fort.

Ecrivez en français

1 A flight
2 An airline ticket
3 To miss the flight
4 The next one
5 A trolley
6 A duty-free shop
7 The departure lounge
8 A crossing
9 To miss the boat
10 Local time
11 Dover
12 Customs
13 A customs officer
14 Something to declare
15 A métro station
16 A métro ticket
17 Ten métro tickets
18 A plan of the métro

C'était	facile
	amusant
	fatiguant
	difficile
	effrayant
	ennuyeux
	intéressant
	curieux

Grenoble le 17 juillet

Nous sommes arrivés enfin à Grenoble à 2 h du matin! Le vol de Londres à Paris était bien mais le car est tombé en panne deux fois entre Paris et Grenoble. Heureusement, il y avait peu de circulation sur les routes.

Une carte postale

Your French penfriend sends you this postcard on arriving back in Grenoble after an exchange visit to your home.

Write a similar postcard in French to your penfriend giving the following information:
You arrived in Carlisle at 11 o'clock at night.
The crossing from Calais to Dover was fine.
The coach was not very comfortable.
Unfortunately, there was a lot of traffic on the roads.

Qu'est-ce qui se passait?

These are some descriptions of what was going on outside the Pompidou Centre. Can you supply the missing verb in the imperfect tense? The infinitives are given below, though not in the correct order:

1 Un jeune homme . . . . . de la trompette
2 Quelques artistes . . . . . des portraits
3 Un seul clown . . . . . une pantomime
4 Des jeunes filles . . . . . des chansons
   folkloriques
5 D'autres . . . . . accompagnées de musique
   enregistrée
6 Les spectateurs . . . . . et . . . . . avec
   enthousiasme
7 Moi, j' . . . . . très heureux

exécuter danser regarder jouer chanter
écouter faire être

Comment?

Supply the missing sections in the table on the right. Use the *Grammaire*, p. 22 to help you. Practise saying the adverbs, remembering that the *-ent* is pronounced. The first one is completed.

Adjective		Adverb	English
masculin	féminin		
général	générale	généralement	*generally*
normal	normale		
exact			
	certaine		
		furieusement	
			completely
doux		doucement	*softly*
facile	facile		
autre			*otherwise*
	grave		*seriously*
Take extra care with these:			
poli	polie		
	vraie		*really*
bon			*well*
meilleur	meilleure		*better*

Entendu

Les conversations des autres

Pendant votre séjour en France, vous écoutez attentivement les conversations des autres. Est-ce que vous les comprenez? Écoutez ces courts dialogues et répondez à ces questions:

À l'agence de voyages

Morning Wed. 9.10 *Paris west*

1 When does the lady need to go to Strasbourg? Which Paris airport does the flight leave from?

2 What two pieces of information does the man request? *is there a flight.* *1. 15* What replies does he receive?

3 When does this man want to go to Geneva? *Next Year* What does the assistant ask him? *8 45 9. 50 9/50 10.15* What are the departure times of the two suggested flights? *12.10* How long does the flight to Geneva last?

4 What is the price of a single journey to Milan in the economy class? *1000 1415* *2000 2830* What is the price of a return ticket in the same class?

5 How does the man want to travel to London? What time of day does he want to arrive? —
Boat Train *9 →*

À la douane

6 What two questions does the Customs officer ask?

7 To whom does the luggage belong? What does the man reply when he is asked to open his bag?

8 What does the Customs officer ask to see?

Dans le métro

9 What does the lady buy? What question does she ask?

10 What is the man told to do in order to find the line he wants?

Attention! Attention!

Whilst waiting for your flight, you and your friend are sitting in the departure lounge at Charles de Gaulle airport and listening to the various announcements. Your friend translates each one but he hasn't understood them correctly. Can you correct his mistakes?

1 Passengers from Rome will soon be arriving at gate 8.

2 The flight to Strasbourg will be leaving in twenty minutes.

3 Passengers for flight AF 436 should go at once to gate 8.

4 Doctor Clemence is wanted urgently on board an Air France plane.

5 The plane to Strasbourg will now take off thirty minutes late.

This is your captain

Once on board your plane, you hear this announcement from the cockpit. Can you convey to your friend the main points of the announcement?

Madame Delcourt parle de son enfance

Whilst staying in France, you ask your penfriend's grandmother where she lived as a child. She has a great deal to say about her childhood. How much did you understand? Answer the following questions in English:

1 Where did Madame Delcourt live as a child? *Parent's House*

2 Name three things about the house that have changed. *Bathroom - Kitchen. Garage.*

3 How many people lived in the house? Who were they? *Mm Dcnrt, [...] Mum, Her Brother x2*

4 Why did they have all their meals in the dining-room? *kitchen - to small.*

5 What did they do in the evening? *Radio, Cards*

6 What restriction was placed upon the children by their father? *Not to go out*

7 At what age was this restriction lifted? *18*

8 What household tasks did the young Madame Delcourt have to perform?

9 What has not changed at all? *Garden.*

Lecture

Qu'est-ce que ça veut dire?

Explain the meaning of these notices to your friend who does not understand French.

At the airport

This notice is printed on a revolving door:

> **Ne laissez pas**
> **les enfants jouer**
> **autour des portes tournantes**

In the métro

This is seen on the gate leading on to the platform:

> **PORTILLON**
> **AUTOMATIQUE**
> **Il est interdit d'empêcher son**
> **fonctionnement**
> **Ne pas tenter de passer pendant la**
> **fermeture**

This notice is seen on the platform:

> **Pour votre sécurité ne tentez**
> **pas de monter en voiture au**
> **moment de la fermeture des**
> **portes et du départ**

This notice is seen at the foot of an ascending escalator:

> **PRIÈRE DE TENIR**
> **LA MAIN COURANTE**

The next four notices are seen inside the carriage:

> **LE SIGNAL SONORE**
> **ANNONCE LA FERMETURE**
> **DES PORTES**

This one is addressed to children:

> **ATTENTION**
> **Ne mets pas les mains sur la porte**
> **Tu risques de te faire pincer très fort**

> **SIGNAL D'ALARME**
> **En cas de danger tirer la poignée**
> **Tout abus sera puni**

> **Pour votre tranquillité**
> **spectacles et quêtes sont**
> **interdits**
> **Ne les encouragez pas**

quête   *collecting money*

Answers to *Les lignes aériennes*

1 e	5 l	9 k
2 i	6 j	10 c
3 a	7 b	11 f
4 h	8 g	12 d

Une lettre d'Irène

St. Étienne
le 7 août

Chère Sarah,

Merci de ta lettre et aussi de ta carte postale. J'aime toujours lire de tes nouvelles.

Comme tu le sais déjà, je viens de rentrer chez moi après avoir passé quinze jours à Lloret en Espagne. L'hôtel était très moderne. C'était vraiment formidable. L'hôtel était très moderne et confortable et il y avait toujours quelque chose d'intéressant à faire ou à voir. Naturellement, il a fait beau tous les jours sauf le dernier dimanche où il y a eu une brume légère.

C'est vrai qu'il y avait beaucoup de monde, mais les gens étaient généralement bien gentils. J'ai énormément aimé les Espagnols, surtout les jeunes. J'en ai rencontré plusieurs à qui j'ai l'intention d'écrire.

Tout d'abord, je voulais me bronzer et je peux te dire que j'ai eu beaucoup de succès. On pouvait se bronzer facilement sur les plages qui étaient vastes et blanches. La mer, au contraire, était sale, tout à fait dégoûtante. Alors, nous nous sommes baignés dans la piscine de l'hôtel qui était propre et chaude.

En somme, je me suis beaucoup amusée, et ma famille aussi. Et toi? Tout s'est bien passé dans la région des lacs?

Maintenant je dois te laisser car je dois faire des courses.

Écris-moi vite,

Amicalement,

Irène

If Irène wrote this letter to you, could you explain the contents to someone who can't read French?

1 What does Irène say about receiving letters from you?

2 What is the event that Irène describes?

3 Where has she been and for how long?

4 What does she say about the hotel?

5 What does she say about the weather?

6 What does she say about the people?

7 What was Irène's first intention?

8 What does she say about the beaches?

9 Where did she swim and why?

10 Why does she have to finish off the letter?

À la douane

Here is an extract from a pamphlet giving some guidance on going through customs. Can you understand the main points of the information? Complete these statements and answer the questions:

1 The first part tells you what to do when the customs post is a) open b) closed.

2 The second part tells you what to do when the customs post is a) open b) closed.

3 You must report to customs if . . .

4 You should pass through the lane 'Rien à déclarer' if you are carrying . . .

5 You should pass through the lane 'Déclarations – formalités' if you . . . or if you . . .

6 What are the two conditions which would allow you to pass the frontier when the customs post is closed?

Les contrôles douaniers

US POUVEZ ÊTRE CONTRÔLÉS AU PASSAGE LA FRONTIÈRE A L'ENTRÉE OU A LA SORTIE FRANCE

NDANT LES HEURES D'OUVERTURE DU REAU (1)

us avez des marchandises à déclarer (voir les nchises en page 2) : vous devez vous présenter ontanément à la douane. Sinon, vous serez en raction et sachez que la frontière passée, vous uvez encore être contrôlés.

s particulier : le bureau de Perthus-Route (RN9) doté de deux files signalées par des panneaux de uleur bleue indiquant «Rien à déclarer» ou éclarations - formalités».

enez la file «Rien à déclarer» : vous transportez des objets ou effets admis sans xes et sans formalités.

fait d'emprunter une file «Rien à déclarer» uivaut à une déclaration de douane, mais ne vous et pas à l'abri d'un contrôle éventuel.

enez la file «Déclarations - formalités» : si vous avez des formalités à accomplir, si vous avez un doute.

N DEHORS DES HEURES D'OUVERTURE DU REAU (1)

ous pouvez passer la frontière en dehors des heues d'ouverture du bureau, à la condition expresse : que vous n'ayez rien à déclarer,

Grammaire

L'imparfait: the imperfect tense

Like the perfect, this tense is used to refer to past time, but it serves a rather different purpose. This sentence has two verbs, both referring to the past:

Il faisait si chaud que j'ai plongé tout de suite dans la piscine
It was so hot that I dived into the pool straightaway

The second verb is in the perfect tense because it is a completed action; the first verb, *il faisait*, merely describes the situation, and is therefore in the imperfect tense.

Now look at this example:

Elle passait par la douane quand un douanier l'a appelée
She was going through customs when the officer called her

The verb in the perfect tense tells us what happened; the verb in the imperfect tense, *elle passait*, tells us what was going on at the time.

Finally, look at this sentence:

Quand j'étais jeune, je partageais une chambre avec ma soeur
When I was young, I used to share a bedroom with my sister

Here, both verbs are in the imperfect tense; the first one describes the situation (I was young); the second one tells us what used to happen.

The imperfect tense, then, is used:

a) for descriptions: j'étais content
il avait les yeux bleus

b) to say what **was** happening: je lisais un journal

c) to say what **used** to happen: je fumais il y a dix ans

It is necessary to learn another set of endings for the imperfect tense. Here is the verb *regarder* in the imperfect tense:

je regard**ais**	nous regard**ions**
tu regard**ais**	vous regard**iez**
il	ils
elle } regard**ait**	elles } regard**aient**
on	

These endings are the same for all verbs in the imperfect tense.

Follow these easy steps to form the imperfect tense:

1 Find the *nous* form of the present tense: mangeons faisons

2 Remove the ending -**ons**: mange- fais-

3 Replace it with whichever imperfect is required: je mangeais nous faisions

Être is the only exception to this rule. Learn it well as it is one of the verbs most frequently used in the imperfect.

j'étais	nous étions
tu étais	vous étiez
il	ils
elle } était	elles } étaient
on	

Adverbs

Just as an adjective tells us something about a noun, an adverb does the same job with a verb. It tells us **how** or **how much** something is done. In English, adverbs usually end in -**ly**: softly rarely naturally.

In French, adverbs usually end in -**ment**: doucement rarement naturellement

To form most adverbs in French, add the ending -**ment** to the feminine singular form of the adjective:

masc. sing.	fem. sing.	adverb
doux	douce	doucement
naturel	naturelle	naturellement
certain	certaine	certainement

However, if the masculine singular form of the adjective ends in a vowel, add the ending -**ment** to this:

masc. sing.	adverb
rare	rarement
facile	facilement
poli	poliment

There are, of course, some exceptions to both of these rules. A list of the most commonly used adverbs, both regular and irregular, can be found in the *Vocabulaire* section of this lesson.

Vocabulaire

l'aéroport *airport*
l'aérogare *air terminal*
l'avion *aeroplane*
le bateau *boat*
un carnet *ten métro tickets*
le chariot *trolley*
la douane *customs*
le douanier *customs officer*
durer *to last*
enregistrer *check in (luggage)*
heure locale *local time*
l'horaire *timetable*
le magasin hors taxes *duty-free shop*
manquer *to miss*
le métro *underground railway*
le niveau *level*
le panneau *notice board*
le plan *plan, map*
la station de métro *underground station*
la traversée *crossing*
la valise *suitcase*
le vol *flight*
voler *to fly*

Some useful adverbs
absolument *absolutely*
autrement *otherwise*
certainement *certainly*
complètement *completely*
doucement *softly, gently*
exactement *exactly*
facilement *easily*
généralement *generally*
gravement *seriously*
heureusement *fortunately*
lentement *slowly*
malheureusement *unfortunately*
naturellement *naturally*
normalement *normally*
poliment *politely*
probablement *probably*
seulement *only*
simplement *simply*
rarement *rarely*
vraiment *really*

après *afterwards*
assez *enough, rather*
aujourd'hui *today*
beaucoup *very much*
bien *well*
bientôt *soon*
déjà *already*
demain *tomorrow*
enfin *at last*
d'habitude *usually*
longtemps *a long time*
maintenant *now*
mal *badly*
mieux *better*
parfois *sometimes*
peu *little*
plutôt *rather*
presque *almost*
quelquefois *sometimes*
souvent *often*
surtout *especially*
toujours *always*
vite *quickly*

Si on sortait

Aims

1 **Making arrangements to go out**

2 **Buying entrance tickets**

3 **Talking about the future**

4 **Using negatives**

Phrases clef

Qu'est-ce qu'on fait aujourd'hui?
What shall we do today?

Tu veux venir à la piscine avec moi?
Do you want to go to the swimming-pool with me?

Tu es libre cet après-midi?
Are you free this afternoon?

Si on sortait ce soir?
How about going out tonight?

Si on allait au cinéma?
How about going to the cinema?

Il y a un bon film à l'Odéon.
There's a good film on at the Odeon.

On y va?
Shall we go?

Oui, je veux bien   *Yes, I would like to*

Avec plaisir   *With pleasure*

D'accord, à tout à l'heure   *All right, see you later*

Bonne idée   *Good idea*

Je regrette, je ne peux pas   *I'm sorry, I can't*

Je ne suis pas libre   *I'm not free*

Où est-ce qu'on se retrouve?
Where shall we meet?

On se rencontre devant la piscine à 2h?
Let's meet outside the swimming-pool at 2 o'clock

Qu'est-ce qu'il y a à la télé? *What's on television?*

Qu'est-ce qu'on joue au cinema?
What's on at the cinema?

Il y a un film de guerre *There's a war film*

A quelle heure commence la dernière séance?
What time does the last performance start?

Le film finit à quelle heure?
What time does the film finish?

La pièce dure combien de temps?
How long does the play last?

C'est combien à l'orchestre?
How much is it in the stalls?

Deux places au balcon s'il vous plaît
Two seats in the balcony, please

Trois orchestres, s'il vous plaît
Three seats in the stalls, please

Il y a une réduction pour étudiants?
Is there a reduction for students?

C'est demi-tarif *It's half price*

Vous avez tout compris?

Dialogues

1

Peter et son correspondant, Étienne, sont à la maison. Ils regardent le journal.

Étienne: – Si on sortait ce soir, Peter? Il n'y a pas grand-chose à la télé.

Peter: – Oui, si tu veux, mais où est-ce qu'on peut aller?

Étienne: – Voyons, qu'est-ce qu'on joue au cinéma? Ah, il y a un bon film au Gaumont, *Deux mille dix*. C'est un film de science-fiction. On y va?

Peter: – Sensas! Il commence à quelle heure?

Étienne: – La dernière séance commence à dix heures et quart. C'est un peu trop tard, je crois. Il y a une séance à sept heures moins dix. Je devrai demander à maman de nous servir le dîner plus tôt que d'habitude.

Peter: – Chouette! On y va!

2

Les deux garçons arrivent au cinéma Gaumont:

Étienne: – Tu préfères être à l'orchestre ou au balcon?

Peter: – Ça m'est égal.

Étienne: – Alors nous irons au balcon. Mon père m'a donné quarante francs et j'ai de la monnaie pour donner un pourboire à l'ouvreuse.

(Au guichet)

Étienne: – Deux balcons, s'il vous plaît.

Employée: – Trente-huit francs, monsieur.

Étienne: – Le film finit à quelle heure?

Employée: – À dix heures, monsieur.

Corrigez ces phrases. Elles sont toutes fausses:

1 Peter et Etienne resteront à la maison ce soir.

2 Ils iront au théâtre.

3 Ils iront voir un film d'amour.

4 Le film finira à huit heures moins dix.

5 Ils prendront le petit déjeuner plus tôt que d'habitude.

6 Peter achètera les billets.

MUSÉE NATIONAL MONUMENTS FRANÇAI'

ARCHITECTURE, SCULPTURE, PEINTURE MURA

CINÉMATHÈQUE FRANÇAISE
MUSÉE DU CINÉMA

PROJECTIONS *(av A de MUN)* T.L.J.*(sauf le lundi)* 15ʰ.19ʰ.21ʰ. Samedi & Dimanche 15ʰ.17ʰ.19ʰ.21ʰ
MUSÉE: Visites guidées T.L.J.*(sauf le lundi)* 10ʰ.11ʰ.14ʰ.15ʰ.16ʰ

MUSÉE DE L'HOLOGRAPHIE
Forum des Halles   niv. -1

VILLE DE PARIS
centre sportif
émile anthoine

3

Peter, Étienne et quelques copains sont au café.
Ils font des projets:

Étienne: – Écoutez, Peter est chez nous pour deux semaines. Il faut décider ce que nous allons faire. Moi, j'écrirai notre programme. Qui a une proposition?

Olivier: – Si on allait au match de rugby dimanche après-midi? Tu aimes le rugby, Peter?

Peter: – Oui, j'aime regarder tous les sports.

Annie: – On doit visiter les musées les plus intéressants, par exemple, le musée du cinéma et le musée de l'holographie. Ce n'est pas cher avec la réduction pour étudiants. C'est demi-tarif, je crois.

Peter: – Formidable! Ça sera passionant!

Olivier: – Nous allons au Centre de Sport presque tous les jeudis soir pour jouer au badminton. Tu veux venir avec nous Peter?

Peter: – Avec plaisir, mais je n'ai ni raquette ni chaussures.

Olivier: – Ça ne fait rien. On t'en prêtera.

Pascale: – Moi, je ne serai pas libre jeudi prochain. Vous serez donc quatre pour faire une partie de badminton.

Étienne: – Eh bien, rendez-vous au Centre à cinq heures.

Pascale: – N'oubliez pas la boum à la maison des jeunes samedi soir. On y va ensemble?

Étienne: – Bonne idée, mais où est-ce qu'on se retrouve

Annie: – Nous passerons chez toi, comme toujours.

Olivier: – Et ce soir, vous êtes libres? Je vous invite chez moi. Nous pourrons passer des disques et jouer au tennis de table. Tu veux venir, Peter?

Peter: – Oui, je veux bien si Étienne est d'accord.

Étienne: – Certainement. Merci, Olivier. Et maintenant il faut rentrer à la maison. Au revoir tout le monde. À tout à l'heure.

Olivier:
Annie: – Au revoir. À ce soir.
Pascale:

Vous avez tout compris?

Étienne said that he would make a note of the arrangements made. If Peter also wrote down the suggestions (in English), what exactly would he have written? Include days and times where they are mentioned.

4

Peter et Étienne sont à la maison. Ils viennent de finir le dîner.

M. Simon: – Alors, les garçons, qu'est-ce que vous allez faire ce soir? Vous ne sortez pas?

Étienne: – Non, papa. On est un peu fatigué après les visites aux musées cet après-midi. Qu'est-ce qu'il y a à la télé?

M. Simon: – Il y a un film sur Antenne 2, je crois.

Étienne: – Pas de sport?

25

M. Simon: – Non, il n'y a ni football ni tennis ce soir.

Étienne: – Et sur TF 1?

M. Simon: – Un feuilleton en quatre épisodes et, sur l'autre chaîne, France 3, un documentaire politique.

Étienne: – Qu'est-ce que tu préfères, Peter?

Peter: – Le film, comment s'appelle-t-il?

M. Simon: – 'Alexandre le Grand', avec Richard Burton.

Peter: – C'est en version originale?

M. Simon: – Non, c'est doublé en français.

Étienne: – Tu veux le voir, Peter?

Peter: – Oui, je veux bien. Il commence à quelle heure?

M. Simon: – Dans cinq minutes. Dépêchez-vous. C'est à moi de faire la vaisselle ce soir.

Vous avez tout compris?

Répondez:

1 What two questions does Étienne's father ask?
2 Why are the boys staying in to watch television?
3 What programmes are on the three channels?
4 What two questions does Peter ask about the film?
5 What answers does he get?
6 What is M. Simon going to do?

5

Amanda est chez sa correspondante, Yvette à Dijon. Elles parlent avec Mme Leclerc, la mère d'Yvette. C'est lundi matin.

Mme Leclerc: – Vous voulez aller au cirque mardi soir?

Yvette: – Oh bonne idée, maman! Ça sera extra! Tu aimes le cirque, Amanda?

Amanda: – Oui, j'aime bien. Mais, attends, Yvette! Tu m'as dit que mardi, on allait à la Boum des Sports.

Yvette: – Tiens! C'est vrai, maman.

Mme Leclerc: – Alors, si on allait au cirque mercredi? Vous êtes libres mercredi?

Yvette: – Je regrette, maman, on a rendez-vous avec des copines chez Françoise. On est libre jeudi, n'est-ce pas, Amanda?

Amanda: – Oui. On pourrait aller au cirque jeudi.

Mme Leclerc: – Très bien. Tu n'as pas oublié, Yvette, que j'ai des billets de théâtre pour samedi?

Yvette: – Non, maman, je n'ai pas oublié. Ça va pour samedi.

Mme Leclerc: – Et cet après-midi, je vais à une foire à la brocante. Vous voulez m'accompagner?

Amanda: – Moi, je veux bien, merci.

Vous avez tout compris?

Complétez:
Amanda et Yvette, où iront-elles?

Lundi, elles iront . . .

Mardi, elles iront . . .

Mercredi, elles iront . . .

Jeudi, elles iront . . .

Samedi, elles iront . . .

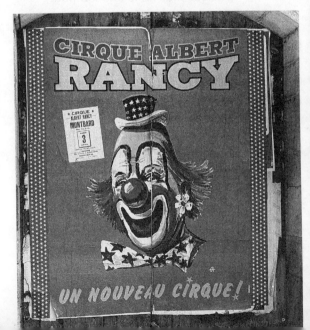

Résumé

Qu'est-ce qu'on fait	aujourd'hui?
Tu es libre	ce matin?
Si on sortait	cet après-midi?
	ce soir?
	demain?
	samedi?
Tu veux venir	à la piscine?
Si on allait	à la patinoire?
	à la maison des jeunes?
	à la boum?
	à la foire?
	au match?
	au musée?
	au cinéma?
	au théâtre?
	au cirque?

Il y a un bon film au cinéma.   On y va?
      une bonne pièce au théâtre.
      une boum à la maison des jeunes.
      un match au stade.
      une exposition au musée.

Je veux bien
Bonne idée
Avec plaisir
D'accord
Je regrette, je ne peux pas
               je ne suis pas libre

À quelle heure	est-ce qu'on	se retrouve
Où		se revoit?
		se rencontre
On se retrouve	au stade	à huit heures
On se revoit	devant le cinéma à 20h30	
Rendez-vous	au coin de la rue	
	chez moi	

Le film	commence à quelle heure?
La (dernière) séance	finit
La pièce	
Le spectacle	dure combien de temps?
C'est combien	à l'orchestre?
	au balcon?
	l'entrée?
	le tarif réduit?
Au revoir, à	bientôt
	tout à l'heure
	ce soir
	demain
	samedi

Activités

Jeu de différences

Whilst in France, you see this competition in a magazine and decide to enter.

You have to write in French the details which make picture **B** different from picture **A**.

Arrange your entry under the headings **A** and **B**, like this:

A
La porte est fermée

B
La porte est ouverte

There are five more differences for you to record.

27

Deux à deux (1) *See page 30*

Si on allait au zoo?

A

Invitez votre partenaire à vous accompagner au parc zoologique.

Expliquez-lui:

a) les heures d'ouverture

b) où il se trouve

c) son importance

d) les réductions possibles (votre partenaire a une sœur de huit ans)

Vous voudriez y aller dimanche prochain.

A 10 minutes de Toulouse…

VISITEZ
LE PARC
ZOOLOGIQUE
DE
PLAISANCE-DU-TOUCH

La présentation de cette publicité donne droit à une entrée gratuite d'un enfant par famille. (âge maxi 10 ans) sauf groupe. (valable jusqu'au 31.12.83).

Sur 5 ha, dans un décor naturel la 4ᵉ collection d'animaux de France

une incomparable collection d'ANIMAUX

OUVERT TOUS LES JOURS DE 9 H A 20 H

Tél : 86.45.03   RC 316 555036   Ne pas jeter sur la voie publique

Deux à deux (2) *See page 30*

A Paul,

Vous passez une soirée chez un(e) ami(e) et vous décidez de passer deux heures environ à regarder la télévision. Vous, vous avez les programmes pour TF1 mais votre ami(e) a les programmes pour Antenne 2 et FR3. Choisissez les programmes que vous aimeriez voir, et décidez avec votre ami(e) comment vous passerez la soirée. Si vous ne pouvez pas vous décider, choisissez les jeux et les sports.

games

VENDREDI

8 FÉVRIER

tf1

11.15 Vision plus
11.45 La une chez vous
12.00 Buffalo Bill (12)
12.30 « Le Comédien ».
La bouteille à la mer
Invité : Line Renaud. News
13.00 Journal à la une
13.50 Sloane, agent spécial (12)
« Le commando de charme ».
14.40 La maison de TF 1 DIY
Jardinage, bricolage.
15.15 Temps libres Free
En direct du Dixième Salon mondial du tourisme.
16.30 Croque-vacances
17.30 La chance Singing aux chansons
18.00 Nounours Teddy

18.05 Le Village dans les nuages Clouds Shorts
18.25 Mini-journal
18.40 Huit ça suffit (3) 8 is enough
19.15 Anagram
19.40 Cocoricocoboy
20.00 Journal à la une News
20.35 Le jeu de la vérité
Invité : Enrico Macias. Chanteurs : Francis Cabrel, Céline Dion, Kim Wilde, Yves Duteil.
22.00 Patinage artistique
Championnat d'Europe à Göteborg. Figures libres messieurs.
22.55 Histoires naturelles animal
« Le Plomb et l'Acier ». steel
23.25 Une dernière
23.45 C'est à lire too to read

2

16.05 Patinage artistique
Championnat d'Europe à ... libre dames.

Deux à deux (3) *See page 31*

Des invitations

A

1 Votre partenaire vous invite à sortir. En général, vous aimez les Westerns, mais le type de film n'est pas très important. Vous serez libre à sept heures et demie du soir.

2 Invitez votre partenaire à sortir avec vous. Vous aimeriez bien visiter un musée de peinture, mais vous aimez aussi la musique, surtout le jazz. Vous trouverez quelques détails dans *Le Guide des Spectacles*.

Messages secrets:
les rendez-vous

Les réponses à ces questions sont écrites en code, deux différents codes. Pouvez-vous les décoder?

1 Où est-ce qu'on se retrouve?
   DE VANTLEC INE MA

2 A quelle heure?
   AON ZEHE URES ETQU
   ART

3 Qui t'accompagnera?
   UNA MIDEM ONCOL
   LEGE

4 Tu peux sortir demain soir?
   J N PX PS T VR DMN SR
   VNS M CHRCHR PRS-DMN

5 VRS HT HRS. DCCRD?

Réponses p. 30

LE GUIDE DES SPECTACLES

Les musées

● **15 h, musée Labit** (rue des Martyrs-de-la-Libération) : Peintures du Tibet-Népal, (Mme Lartigue).
● **16 h 30, musée des Augustins** (21, rue de Metz) : Architecture du couvent (Mme Lartigue).

Débats

● **16 h, université du Mirail** (amphi 3) : Débat public avec Alejandro Serrano, ambassadeur du Nicaragua.
● **17 h 30, à la F.n.a.c.** (place Occitane) : « Qui était vraiment Gérard Philipe ? » (Ed. Henri Veyrier, par Pierre Cadars).
● **17 h 30 et 20 h 30, Nouvelle Acropole** (5, place Jeanne-d'Arc) : Diaporama de Francis Brunel, présenté par M.-A. Gaudard.

Voyages

● **20 h 30, Connaissance et Communication** (13, allée des Soupirs) : « Pyrénées, montagnes d'hier et d'aujourd'hui », par Claude Bousquet et Guy Basque.

Exposition

● **Au théâtre du Capitole** : Exposition des œuvres du peintre maxicain, Alberto Ramirez.

Rythmes et chansons

● **19 h et 22 h, café de la Paix** (allées Jean-Jaurès) : Banana Jazz.
● **20 h 30, café de la Plage** (rue Arnaud-Bernard) : Rocky Graziano et ses punchers.
● **21 h, au Centre culturel de Ramonville** : Luznula Carpio, chants et musiques des indiens de Bolivie.
● **21 h, au Roll-Rinck Le Riff** (Toulouse-Montaudran) : Soirée brésilienne costumée avec Sydney Martins et Bossa Tres.
● **21 h 30, à l'Eclusane** (rue Réclusane) : Christian Vite (chansons majuscules).
● **22 h, au Tambo-Luratha** (2 bis, rue Corot) : Salsa y Control (musique centro-américaine).
● **23 h, au Pied** (après Isle-Jourdain) : Inx's.
● **23 h, au Bikini** : Fad Gadget.

Le Printemps des Fous

● **21 h, à la Grange aux Belles** (10, rue Saint-Charles) : « Mohican Dance ».

Théâtre

● **21 h, à la Cave-Poésie** (rue du Taur) : « En Pleine Mer » et « Strip-tease » de Mrozek. Coproducteurs : René Gouzenne, Jean Juillac, Didier Carette, Philippe Bissière et Jean-Marc Brisset.

Ciné-Clubs

● **20 h et 22 h, Le Cratère** (95, grande-rue Saint-Michel, tél. 53.50.53) : « Le Printemps de Prague du cinéma tchèque ».
20 h : « L'As de Pique », de Milos Forman (1964) (V.O.).
22 h : « Les Amours d'une blonde », de M. Forman (1966) (V.O.) et « Joseph Kilian », de Juracek.

Deux à deux (1) *See page 28*

Si on allait au zoo?

B

Votre partenaire vous propose une visite pour le week-end prochain. Vous aimeriez bien sortir, mais ce doit être une visite intéressante pour votre sœur de huit ans, qui doit passer le week-end avec vous pendant l'absence de vos parents.

Demandez des renseignements à votre partenaire, et si vous décidez de sortir ensemble, donnez-vous rendez-vous le samedi, si c'est possible; sinon, le dimanche après-midi.

Deux à deux (2) *See page 28*

B

Vous passez une soirée chez vous, en compagnie d'un(e) ami(e), et vous décidez de passer deux heures environ à regarder la télévision. Vous, vous avez les programmes pour Antenne 2 et FR3, mais votre ami(e) a les programmes pour TF1. Choisissez les programmes que vous aimeriez voir, et décidez avec votre ami(e) comment vous passerez la soirée. Si vous ne pouvez pas vous décider, choisissez le Journal et les vieux films.

Messages secrets: réponses

1 Devant le cinéma
2 A onze heures et quart
3 Un ami de mon collège
4 Je ne peux pas te voir demain soir. Viens me chercher après-demain
5 Vers huit heures. D'accord?

Antenne 2:
6.45 Télématin
8.30 Une femme seule (2)
10.30 Antiope
12.00 Midi informations
12.05 L'académie des 9
12.45 Antenne 2 midi
13.30 Passez muscade (7)
13.45 Aujourd'hui la vie « Vive les vacances ».
14.50 Magnum (fin) « La poupée chinoise ».
15.40 La télévision des téléspectateurs
16.05 Patinage artistique Championnat d'Europe à Göteborg : libre dames.
16.45 Itinéraires Soudan : Shilluk.
17.45 Récré A 2
18.30 C'est la vie
18.50 Des chiffres et des lettres
19.15 Actualités régionales
19.40 Le théâtre de Bouvard
20.00 Journal
20.35 Châteauvallon (6) Tandis que Philippe (Philippe Rouleau) subit son premier interrogatoire chez le juge d'instruction, Malechefer, gravement blessé, passe aux aveux...
21.35 Apostrophes
22.50 Edition de la nuit
23.00 Place aux jeunes Dans le cadre du ciné-club, cycle « Leo McCarey », film (1937). Durée 88 mn. Le drame d'un vieux couple abandonné par ses enfants traité sur le ton de la comédie.

Jean Davy, à 20 h 35, sur A 2.

FR3:
17.00 Télévision régionale
19.55 Lucky Luke
20.05 Les jeux de 20 heures
20.30 D'accord, pas d'accord
20.35 Vendredi Magazine d'André Campana. « Face à la 3 » : Pierre Joxe.
21.50 Décibels de nuit Emission de rock, avec : Prince, Jimmy Hendrix, Serge Gainsbourg, Philippe Pascal, Ménage à trois.
22.35 Soir 3
23.00 Charles Bukowski (25)
23.05 Prélude à la nuit Festival de Prades, 1984. Trio pour piano, violon et violoncelle, opus 99 en si bémol majeur de Franz Schubert.

TF1:
10.45 5 jour
11.00 Conc « L'andan trio archid
11.55 Pic e
12.10 Accr
12.30 Bon
13.00 Jou
13.35 La du
14.05 De
14.20 Po du « Un an
10.00
10.20
10.35
11.05 « « S
12.0
12.4
13.2
14.
15.

Deux à deux (3) *See page 29*

Des invitations

B

1 Invitez votre partenaire à aller au cinéma avec vous. Le film que vous préféreriez voir, c'est 'Vent de Sable', parce que c'est un film d'aventures. En général, vous n'aimez pas la violence. Vous trouverez quelques détails dans *Le Guide des Spectacles*.

2 Votre partenaire vous invite à sortir. En général, vous n'aimez pas les musées, vous préférez la musique indienne de l'Amérique du Sud, surtout du Pérou et de Bolivie. Vous ne serez libre qu'après huit heures et demie du soir.

LE GUIDE DES SPECTACLES

Cinémas

Les horaires des programmes ci-dessous sont donnés à titre indicatif.
Pour plus de certitude, téléphonez à la salle intéressée.

● **ALBAN-MINVILLE** (allée de Bellefontaine, Mirail, tél. 40.18.08) :
Britania Hospital : De Louis Anderson. Séance : 21 h.
● **ABC - Art et Essai** (13, rue Saint-Bernard, tél. 21.20.46).
La Pirate (int. −13 ans) : 14 h 25, 16 h 10, 20 h 25, 22 h 10.
Un Dimanche à la campagne : 14 h 30, 16 h 20, 20 h 30, 22 h 20.
La Ville des pirates (V.O.) : Du mercredi (matinée) au vendredi (soirée) : 14 h, 16 h 05, 20 h, 22 h 05.
Nuages flottants (V.O.) : Du dimanche (matinée) au mardi (soirée) : 14 h, 16 h 15, 20 h, 22 h 15.
● **COMPLEXE ARIEL** (Galerie marchande Carrefour - Tél. 72.11.74).
Aldo Junior. — Merlin l'enchanteur. — Les Fauves : 21 h 15.
● **LE CLUB** (trois salles - 18, place Wilson - Tél. 21.66.65). Permanent de 14 h à 1 h du matin.
Club 1. — La Pirate. Séance à 14 h 02, 16 h 10, 18 h 17, 20 h 24, 22 h 32.
Club 2. — Vent de sable. Séance à 14 h 05, 16 h 11, 18 h 15, 20 h 20, 22 h 30.
Club 3. — Une femme disparaît. Séance à 14 h, 16 h 10, 18 h 20, 20 h 30, 22 h 40.
● **CONCORDE** (Centre commercial Cap Wilson, tél. 21.80.14).
Orange mécanique : 14 h, 20 h 30.
Il était une fois dans l'Ouest : 14 h 15, 21 h.
● **5 GAUMONT** (3, place Wilson - 5 salles d'exclusivités, tél. 21.49.58).
Notre Histoire (H) : A. Delon, N. Baye dans un film de Bertrand Blier : 13 h 50, 16 h 05, 18 h 20, 20 h 35, 22 h 50.
Fort Saganne (Cannes 84), dolby-stéréo, film d'Alain Corneau, avec G. Depardieu, C. Deneuve, P. Noiret, Sophie Marceau : 13 h 50, 17 h 30, 21 h 15.
La Forteresse noire : 14 h 10, 16 h 15, 18 h 20, 20 h 30.
La Diagonale du fou, avec M. Piccoli, Liv Ullman, Leslie Caron : 13 h 50, 16 h 05, 18 h 20, 20 h 35, 22 h 50.

Exercices

Not never no more

Can you distinguish accurately between the various negative expressions? Match the English with the French:

1 Personne ne vous a vu?
2 Vous n'avez vu personne?
3 Rien ne te plaît.
4 Vous n'avez rien entendu?
5 Ils ne vont jamais en Belgique.
6 Ils n'ont jamais été en Belgique.
7 Il n'a plus d'argent.
8 Il n'a que peu d'argent.
9 Elle ne parle ni espagnol ni allemand.
10 Personne!
11 Jamais!
12 Rien!

Nothing! 12
Didn't you hear anything? 4
They have never been in Belgium.
Nothing pleases you. 3
He has only a little money. 8
Never! 11
Did no one see you? 1
She speaks neither Spanish nor German. 9
He has no more money. 7
Didn't you see anyone? 2
They never go to Belgium.
No one! 10

Neither . . . nor

Reply to these questions, starting each answer with *Non*
Example: 1 Non, je n'ai ni chaussures ni raquette.

1 Tu as des chaussures et une raquette?
2 Il parle italien et grec?
3 Tu as perdu ton anorak et ton appareil?
4 Vous voyez la cathédrale et le château?
5 Tu as chanté et dansé?
6 Ton père et ta sœur arrivent?
7 Elle aime les dessins animés et les films policiers?

31

No 3. Non je n'ai ni mon appareil
Non je n'ai perdu ni mon anorak ni mon appareil.

Qu'est-ce qu'on fera?

Use the future tense to complete the unfinished sentences as indicated by the words in brackets. Consult the *Grammaire* section to help you.   *Example:* 1 Il jouera au badminton.

1 Aujourd'hui, il joue au tennis. Demain . . . (badminton) *jouera*
2 Ce soir, je prends le steak. Demain soir . . . (le poulet) *je prendrai*
3 En ce moment, je regarde un documentaire. Plus tard . . . (un film) *je regarderai*
4 Tu sors avec Jean ce soir? Tu . . . (demain aussi?) *sortirai*
5 Aujourd'hui, nous allons à Rouen. La semaine prochaine . . . (à Paris)
6 Maintenant, il est pauvre, mais, un jour . . . (riche)
7 Ce soir, il y a une boum à la maison des jeunes. Samedi . . . (un concert) *il y aura*
8 Je t'envoie une photo de ma famille. Dans ma prochaine lettre (envoie) . . . (une photo de notre maison) *enverrai*
9 Aujourd'hui, on peut aller au cinéma. Demain . . . (au théâtre) *on ira*
10 Ce matin, vous faites vos devoirs. Qu'est-ce que . . . (cet après-midi) *ferai*

Je t'enverrai une carte postale

Write a postcard to your French penfriend to confirm the details of your arrival in France. Tell him/her that:

you will arrive at the Gare du Nord at 3.15

you will wear your blue anorak

you will have a large suitcase and a rucksack

you will be very happy to see him/her

Saint – Quentin
le 20 mars

Merci encore de ta lettre. Comme tu le vois, j'ai fait des progrès avec mes cours de dactylographie. Mes parents m'ont acheté cette machine comme cadeau d'anniversaire (à l'avance). A partir de maintenant, je pourrai taper toutes mes lettres à la machine.

Samedi soir, je donnerai une surprise-partie chez moi pour fêter mon anniversaire. J'ai déjà invité une vingtaine d'amis. Il y aura de la musique, bien sûr, et un buffet froid. Mes parents ne seront pas là – ils iront au théâtre. Mon frère prendra des photos et, dans ma prochaine lettre, je t'enverrai une photo de mes copains et moi. J'espère que ça te fera plaisir. Et toi, qu'est-ce que tu feras pendant le week-end? Parle-moi de tes projets.

Pendant les vacances de Pâques, nous partirons comme d'habitude, mais cette année, nous irons en Suisse pour faire du ski. J'espère qu'il y aura de la neige! Où iras-tu en vacances cette année? Qu'est-ce que tu feras pendant les vacances de Pâques?

Écris-moi vite.

Grosses bises   *Emmanuelle*

Je répondrai à ta lettre

Write a reply to this letter.
Make sure you answer all the questions.

Entendu

Rendez-vous

Listen to these five short dialogues and, after each one, supply the following information:

Where they are going

Where they will meet

At what time they will meet

C'est combien?

Listen to these four short dialogues and, after each one, write down what is asked for and how much it will cost.

Sondage touristique

opinion poll

Listen to this interviewer conducting a survey on tourists in Montpellier. As you listen try to collect the following information about the lady interviewed:

1 Where she comes from — *Dijon*
2 The size of her family — *4 (2 us 2 kids)*
3 When she arrived — *Last Sunday*
4 How long her holiday is — *1 week*
5 Where she is staying — *Hotel in centre*
6 Means of travel — *autocoux Coach*
7 How she got to know about the area — *Magazine*
8 What she likes most — *gay, ambiance, soleil*
9 What she finds lacking — *la mer d'abord*
10 Her overall impression — *diff to contre*

Lecture

La météo

Sometimes   *to know*

Quelquefois il est très important de savoir quel *what* temps il fera. Regardez la météo dans le journal et répondez aux questions:

The weather is going to do

1 What day is the weather forecast for? *Wed.*

2 According to the map, what areas of France may have
   a) showers *Nantes, (H) +(I)*
   b) fog *(B)(C)*
   c) storms? *(G)*

3 According to the written forecast, what improvement in the weather will occur by midday in the channel areas? *cloud clearing.*

4 What area will have a few drops of rain? *Alsace N. Alps.*

5 The majority of the country will share the same weather: what will it be like
   a) in the morning *little Hazy*
   b) in the afternoon? *fine + sunny*

Look at the *Vocabulaire* at the end of this lesson to find some meteorological terms.

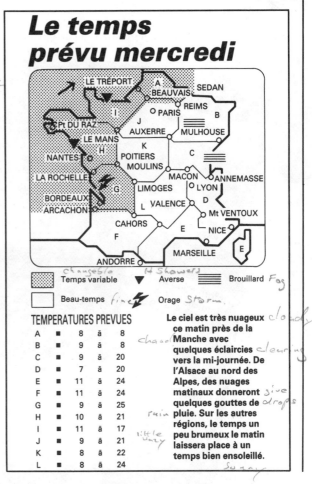

Le temps prévu mercredi

LE TRÉPORT · A · SEDAN
BEAUVAIS
I · O PARIS · REIMS · B
Pt DU RAZ · J · AUXERRE · MULHOUSE
LE MANS · K
NANTES · H · POITIERS · C
MOULINS
LA ROCHELLE · MACON · ANNEMASSE
G · LIMOGES · O LYON
BORDEAUX · D
ARCACHON · L · VALENCE · Mt VENTOUX
CAHORS · E · NICE
F
ANDORRE · MARSEILLE · E

changeable   *H showers*

Temps variable ▼ Averse ▤ Brouillard *Fog*

☐ Beau-temps *fine* ⚡ Orage *Storm*

TEMPERATURES PREVUES

A ■	8 à	8
B ■	9 à	8
C ■	8 à	20
D ■	7 à	20
E ■	11 à	24
F ■	11 à	24
G ■	9 à	25
H ■	10 à	21
I ■	11 à	17
J ■	9 à	21
K ■	8 à	22
L ■	8 à	24

chaud   *little hazy*   *rain*   *sunny*

Le ciel est très nuageux *cloudy* ce matin près de la Manche avec quelques éclaircies *clearing* vers la mi-journée. De l'Alsace au nord des Alpes, des nuages matinaux donneront *give* quelques gouttes de *drops* pluie. Sur les autres régions, le temps un peu brumeux le matin laissera place à un temps bien ensoleillé.

33

Centre Georges Pompidou

The Centre Georges Pompidou claims to have something for just about everybody.

[handwritten: spectacles concerts Exhibitions Cinema.]

What four main types of activity can you spot from the brochure on the right?

Can you find at least one thing that appeals to you? Or to a friend of yours? *[handwritten: Indian Cinema.]*

Une carte personnelle d'adhésion valable un an

This membership card gives you five privileges. Can you spot what they are?

Can you find particular advantages enjoyed by people with these interests? *[handwritten: Reduction]*

1 A dance enthusiast *[handwritten: 25-40%]*

2 Somebody wanting to have a lot of information about the centre *[handwritten: CNAC Mag.]*

3 A chamber-music fan *[handwritten: Free.]*

4 A collector of posters *[handwritten: 10% off]*

Which are the two ways of obtaining the card?

[handwritten: Turn up between 1-7 or write.]

des spectacles:
Forum de la danse: 12 compagnies internationales; Festival d'Automne; arts du spectacle et écriture audiovisuelle

des concerts:
Saison IRCAM-EIC, 14 concerts en abonnement : musique polonaise d'aujourd'hui, Stockhausen, Kagel, recherche en musique; Forum de la création

des expositions:
CCI : une expérience de l'espace; Parc et jardins de la Villette; un siècle d'inventions françaises 1883/1983
BPI : la météorologie; la littérature... à quel prix? La Rosière et la Miss
Musée : la revue de poésie "La Délirante"; Arroyo; William Klein
Atelier des enfants : terre, matériau d'expression
Revue parlée : Michel Butor; Jules Supervielle
Carrefour des Régions : lieux d'artistes en France

du cinéma:
rétrospective Griffith; cycle de cinéma indien; Festival du cinéma du Réel

Extraits du programme, sous réserve de modifications.
Programme détaillé dans CNAC magazine

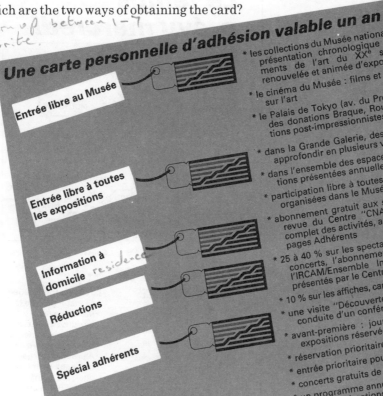

Une carte personnelle d'adhésion valable un an

Entrée libre au Musée
Entrée libre à toutes les expositions
Information à domicile *[handwritten: residence]*
Réductions
Spécial adhérents

* les collections du Musée national d'art moderne : une présentation chronologique des grands mouvements de l'art du XXᵉ siècle, régulièrement renouvelée et animée d'expositions temporaires
* le cinéma du Musée : films et vidéos d'artistes, films sur l'art
* le Palais de Tokyo (av. du Président Wilson) : salles des donations Braque, Rouault, Laurens..., collections post-impressionnistes, expositions
* dans la Grande Galerie, des expositions majeures à approfondir en plusieurs visites
* dans l'ensemble des espaces, une centaine d'expositions présentées annuellement
* participation libre à toutes les animations régulières organisées dans le Musée et les expositions
* abonnement gratuit aux six numéros annuels de la revue du Centre "CNAC magazine" : calendrier complet des activités, articles de fond, illustrations, pages Adhérents
* 25 à 40 % sur les spectacles de danse et théâtre, les concerts, l'abonnement à la saison musicale de l'IRCAM/Ensemble Intercontemporain, les films présentés par le Centre
* 10 % sur les affiches, cartes; 5 % à la Librairie du Centre
* une visite "Découverte du Centre" gratuite, sous la conduite d'un conférencier
* avant-première : journée d'ouverture des grandes expositions réservée aux adhérents
* réservation prioritaire pour les spectacles
* entrée prioritaire pour les conférences et débats
* concerts gratuits de musique de chambre
* un programme annuel d'approche de l'art moderne : visites-animations, conférences, cycles de sensibilisation

Retournez ce bulletin d'inscription au Laissez-Passer:
*au Bureau d'accueil des Adhérents, de 13 h à 19 h, (rez-de-chaussée du Centre) : votre carte vous sera remise immédiatement
*par correspondance : votre carte vous sera adressée à domicile

Pour devenir adhérent

Palavas-les-Flots

A friend has found a brochure on Palavas-les-Flots, and has asked you to try to find out the following information from it. How much of it could you supply?

1 Where exactly is it? *10 km St h. of Mont. 7 km*
2 Is there much to do for a relative interested in
   a) the countryside and   b) old buildings?
3 Is the bathing safe for children?
4 What sports are available?
5 What about other entertainment?
6 Is accommodation available outside the summer season?

Sur l'immense littoral qui s'étend du golfe de Fos (Marseille) aux Pyrénées (Perpignan), **Palavas-les-Flots** (4000hts) est une des plus importantes Stations balnéaires, située à 10 kms au Sud de Montpellier et à 7 kms à peine de l'autoroute Paris-Narbonne.

Depuis plus d'un siècle les pêcheurs qui créèrent **Palavas** — animent les rues du vieux village d'un pittoresque que lui envient bon nombre de Stations artificielles. Leurs embarcations multicolores agrémentent le canal et sur les rives bordées de cafés et restaurants les promeneurs goûtent le charme des tièdes nuits d'été.

Palavas-les-Flots c'est aussi un point de départ idéal pour aller à la rencontre de la fraîcheur, des beautés naturelles (grottes, cirques) et monumentales, abbayes et églises romanes (Saint-Guilhem-le-Désert, vieux villages pittoresques).

Palavas conjuguant harmonieusement le passé et l'avenir est toujours fière d'être la reine des plages méditerranéennes. Venir à **Palavas-les-Flots**, c'est enfin goûter au « **plaisir de vivre** ».

CE QU'IL Y A A VOIR :

Maguelone : Située à 4 kms à l'ouest de PALAVAS et édifiée dans un site d'une beauté exceptionnelle, se dresse la cathédrale de Maguelone (11e siècle), magnifique témoignage d'un passé florissant.

Hôtel-de-Ville : Ensemble administratif moderne, qui rassemble outre les services administratifs de la Station, *l'Office du Tourisme* et le *Centre des Congrès* d'une capacité de 300 places, 4 salles de Commission.

Port en mer : D'une capacité de 570 bateaux, ce nouveau port rend à Palavas, sa vocation plaisancière.

Port Nord : canaux et canalettes : 400 bateaux.

Excursions en mer et pêche en mer : trois bateaux dans le canal.

CURIOSITÉS PROCHES :

Montpellier, capitale régionale du Languedoc, La Grande-Motte, Camargue, Sète.
L'arrière-pays montpelliérain : St-Guilhem-le-Désert, vieux villages pittoresques (St-Martin-de-Londres, Les Matelles...), grottes de Clamouse, des Demoiselles...

SPORTS ET LOISIRS :

Baignade : Palavas offre plus de 6 kms de plages de sable fin de faible déclivité, ce qui est très appréciable pour les enfants.

Sports nautiques : Voile : initiation 12-18 ans · colonie « La Roquille », 336, avenue St-Maurice. Tél. 68.01.09.
Ecole de plongée « La Palanquée » 8, rue Maguelone. Tél. 68.04.10.

Club de Windsurf : Office du Tourisme. Tél. 68.02.34.

Ecole de Windsurf : Plage rive droite. Tél. 92.97.89.

Tennis : Palavas possède 5 courts équipés pour les nocturnes (10 F l'heure par personne).

Golf miniature : Deux golfs (Arènes et rive gauche)

Clubs hippiques : à Carnon et à Maurin

Clubs d'enfants : trois clubs d'enfants sur la plage (garderie, jeux de plage).

Bibliothèque : 17, rue Aristide-Briand.

Pêche en mer : trois bateaux pratiquent tous les matins la pêche en mer. Appâts et cannes fournis à bord. Le St-Florence - Le St-Michel - Le Mikael.

Excursions en mer : Les bateaux ci-dessus organisent des excursions d'une demi-heure environ.

Excursions en car : Vers l'arrière-pays, la Camargue, la Provence (s'adresser à l'Office du Tourisme de Palavas).

LOISIRS NOCTURNES :

Cinéma : il existe un cinéma à Palavas, « *Le Casino* », quai Clemenceau.

Night-Club : « L'Aquarium », 317, avenue St-Maurice. Tél. 68.04.50.

Casino : Palavas possède un casino où l'on peut y pratiquer tous les jeux (boule, baccara, black jack, craps, roulette...) Orchestre de danse, variétés. Tél. 68.00.01.

Variétés : Tous les soirs du 15 juin au 15 septembre, le Comité des Fêtes de Palavas organise des variétés dans des arènes de 5000 places où se produisent les plus célèbres vedettes de la chanson du moment. Une manifestation à ne pas manquer : le **toro-piscine**.

Hôtels :

Catégorie	Nom et adresse	Date ouverture	Téléphone	Nombre de chambres
***NN	L'AMÉRIQUE av. F. Fabrège	T.A*	68 04 39	20
***NN	L'HIPPOCAMPE 5, quai de la Bordigue	P*	68 03 92	17
**NN	ALEXANDRE 279, av. St Maurice	T.A	68 01 47	15
**NN	BRASILIA 9, Bd Joffre	T.A	68 00 68	22
**NN	DU LANGUEDOC 4, rue Carrière	T.A	68 03 45	21
**NN	MARYSOL 8, bd Joffre	T.A	68 00 46	20
**NN	DU MIDI 191, av. St Maurice	P	68 00 53	41
**NN	PATRICIA 99, av. St Maurice	P	68 01 87	20
*NN	LA CIGALIERE 11, rue Maguelone	P	68 03 44	12
*NN	DES COQUILLES 48, rue Melgueil	P	68 01 01	16
*NN	LE FRANCE 1, rue Melgueil	P	68 00 35	18
*NN	DU GOLFE 104, av. St Maurice	P	68 01 87	13
*NN	TANAGRA rue St Louis	P	68 00 16	16
	ARYETTE rue Montferrand	P	68 01 22	18
	ARYETTE Avenue St Maurice	P	68 01 19	17
	LES FLOTS BLEUS 21, quai Clémenceau	P	68 01 23	17
	NOVELTY 6, bd Joffre	T.A	68 01 80	12

* T.A - toute l'année – P - à partir de Pâques.

Restaurants : 32 restaurants sont à votre disposition.

Appartements et locations meublées :

Agence :
Azur : 27, quai Paul-Cunq. Tél. 68.01.25.
Brasilia : Rue Courte. Tél. 68.00.78.
Casino : Rue Substantion. Tél. 68.02.74.
Méditerranée : 1, av. Gl-De-Gaulle. 68 00 34
Co-Pro-Lang : 49, rue Sire de Joinville. Tél. 68.04.78.
Le Trident : 180, av. St-Maurice. Tél. 68.01.31.
Fontvielle : 120, av. St-Maurice. Tél. 68.02.40.
(Une liste de meublés est disponible à l'Office du Tourisme contre envoi d'un timbre)

A New Year's Eve Party

La Saint-Sylvestre is New Year's Eve. Le réveillon is a protracted meal which usually goes on for most of the night. This is a public invitation to the people of Saint-Quentin. Read it and answer the questions.

REVEILLON DE LA SAINT-SYLVESTRE

Le Comité des Oeuvres Sociales du Personnel Municipal de la ville de SAINT-QUENTIN, organisera son huitième réveillon dansant de la Saint-Sylvestre, le mercredi 31 décembre 1980 de 22 heures à l'aube, au Palais de Fervaques.

Ce bal, animé par Carlo GIACALONE et son orchestre attractif, connaîtra sans nul doute le même succès que ses prédécesseurs.

Si vous voulez terminer l'année 1980 dans la joie et commencer la nouvelle année dans un tourbillon de danses, venez nombreux au Palais de Fervaques le 31 décembre 1980.

1 What time do the festivities start?
2 When do they finish?
3 How many previous New Year celebrations have been organised?
4 What activity is proposed apart from the meal?
5 What is there 'no doubt' about?
6 What is the French for 'the new year'?

Grammaire

The future tense

You are already familiar with the easy way to say what someone is going to do, using *aller* with an infinitive:

Je vais sortir ce soir *I'm going to go out tonight*
Il va jouer au badminton
He is going to play badminton

Sometimes, however, it is more appropriate to use the future tense, which is the equivalent of the English: I shall, you will, he will, and so on.

As with the other tenses you have learnt, there is a specific rule about forming the future tense; you take the infinitive of the verb you need and add to it these endings:

-ai -as -a -ons -ez -ont

Do they look familiar? They are the present tense of *avoir*, with *av* missing from the *nous* and *vous* forms. Here, then is the future tense of the verb *regarder*:

je regarder**ai**	nous regarder**ons**
tu regarder**as**	vous regarder**ez**
il	ils
elle } regarder**a**	elles } regarder**ont**
on	

– and of the verb *sortir*:

je sortir**ai**	nous sortir**ons**
tu sortir**as**	vous sortir**ez**
il	ils
elle } sortir**a**	elles } sortir**ont**
on	

For *-re* verbs, you miss off the final *-e* from the infinitive before adding the endings: Here is the future tense of the verb *attendre*:

j'attend**rai**	nous attend**rons**
tu attend**ras**	vous attend**rez**
il	ils
elle } attend**ra**	elles } attend**ront**
on	

You will not be surprised to know that there are some exceptions to this rule. As usual, the most commonly used verbs are among these

...ceptions. The irregularities occur in the first ...rt of the verb; the endings always remain the ...me.

...his is how you use *être* in the future tense:

serai	*I shall be*	nous serons	*We shall be*
seras	*You will be*	vous serez	*You will be*
sera	*He will be*	ils seront	*They will be*

...he future tense of other common irregular verbs ...e formed as follows:

...oir	j'**aur**ai, etc.
...ire	je **fer**ai, etc.
...ler	j'**ir**ai, etc.
...uvoir	je **pourr**ai, etc.
...nir	je **viendr**ai, etc.
...ir	je **verr**ai, etc.
...uloir	je **voudr**ai, etc.

...either ... nor

...he French for neither ... nor is *ni ... ni*. Like ...l other negatives, it also requires *ne* before the ...erb. Look at these examples:

...e **n**'ai **ni** raquette **ni** chaussures
...have neither raquet nor shoes

...e **n**'ai vu **ni** le match **ni** le film
...saw neither the match nor the film

...**n**'a **ni** regardé **ni** écouté
...e neither watched nor listened

...ometimes, *ni ... ni* comes first:

...i Jean **ni** Pierre **n'** était là
...either Pierre nor Jean was there

...ote: ni l'un ni l'autre *neither of them*

...e n'ai vu ni l'un ni l'autre
...saw neither of them; I haven't seen either of them

...nly

...trictly speaking this is not a negative. However, ...a French, it behaves exactly like a negative. ...ook at these examples:

...e **n**'ai **que** deux francs *I only have two francs*

...l n'y a **qu'**un vol par jour
...here is only one flight per day

Vocabulaire

Places of entertainment
la boum *party*
le cinéma *cinema*
le cirque *circus*
une exposition *exhibition*
la foire *fair*
la foire à la brocante *second-hand goods sale*
la maison des jeunes *youth club*
le musée *museum*
la patinoire *skating rink*
la piscine *swimming pool*
le spectacle *show, performance*
le stade *stadium*
la surprise-partie *party*
le théâtre *theatre*

Types of film
un dessin animé *cartoon*
un western *western*
un film
   d'amour *a love story*
   d'aventures *adventure film*
   comique *comedy*
   d'épouvante *horror film*
   d'espionnage *spy film*
   de guerre *war film*
   musical *musical*
   policier *detective film*
   de science-fiction *science fiction film*

Types of T.V. programme
une émission *broadcast, programme*
un programme *programme*
les actualités *news*
télé-journal *news*
les informations *news*
un documentaire *documentary*
un feuilleton *serial*
un jeu *panel game*
la météo *weather forecast*

Weather forecast expressions
une averse *shower*
le brouillard *fog*
le ciel *sky*
une éclaircie *bright interval*
ensoleillé *sunny*
le nuage *cloud*
un orage *thunderstorm*
la pluie *rain*
prévu *forecast*
variable *changeable*

À votre service

Aims

1 Making use of the services offered by a post office and a bank

2 Saying what you would do

3 Saying how long you have been doing something

4 Using emphatic pronouns

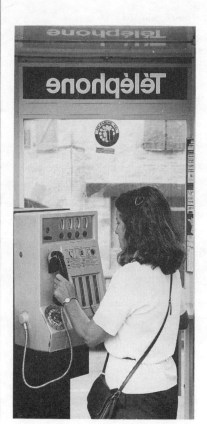

Phrases clef

Pour téléphoner

Où est-ce que je peux téléphoner? *Where can I telephone from?*

Est-ce qu'il y a une cabine téléphonique près d'ici?
Is there a phone box near here?

L'indicatif pour l'Angleterre est 19 44
The phone code for England is 19 44

Mon numéro de téléphone est 25 09 76
My telephone number is 250976

Allô, c'est Jean à l'appareil *Hello, this is Jean speaking*

Ne quittez pas *Hold on*

Pouvez-vous me donner de la monnaie pour le téléphone?
Could you give me some change for the phone?

Je voudrais téléphoner en Angleterre en P.C.V.
I'd like to make a reversed charge call to England

la poste

'est combien pour envoyer une lettre en
ngleterre?
ow much is it to send a letter to England?

onnez-moi deux timbres à trois francs, s'il vous
aît
ive me two three-franc stamps, please

e voudrais envoyer ce colis
would like to send this parcel

ù est la boîte aux lettres?   *Where is the post-box?*

e voudrais envoyer un télégramme
would like to send a telegram

st-ce que je peux avoir un formulaire, s'il vous
aît?
ould I have a form, please?

a poste restante, c'est quel guichet?
Which counter is it for poste restante?

ous avez des lettres pour moi?
ave you any letters for me?

a poste est ouverte jusqu'à 17h 30
he post office is open until half-past five

lle est fermée de midi à 2h
t is closed from midday until 2 o'clock

À la banque

Je voudrais changer des chèques de voyage
I would like to change some travellers' cheques

Vingt livres sterling   *Twenty pounds sterling*

Voulez-vous signer, s'il vous plaît?
Will you sign, please?

Avez-vous une pièce d'identité?
Have you got some means of identification?

Voici mon passeport   *Here is my passport*

Prenez ce reçu et passez à la caisse
Take this receipt and go to the cash desk

Dialogues

À la poste

1

Helen Barnett est chez sa correspondante,
Francine. Francine va partir pour l'école.

Francine: – Tu ne veux pas m'accompagner au
collège aujourd'hui?

Helen: – Non. Ce matin je m'excuse. J'ai des
lettres à écrire à ma famille, et je
voudrais aussi acheter des cartes
postales.

Francine: – Tu as des timbres?

Helen: – Non, il me faut en acheter. Il y a un
bureau de poste près d'ici?

Francine: – Pas loin, mais on peut acheter des
timbres et des cartes postales
également au café-tabac au coin de
la rue, tu sais.

Helen: – Oui, mais je n'ai aucune idée des
timbres que je dois acheter. Je vais
donc aller à la poste.

Francine: – Dans ce cas, tu pourrais me rendre
un service. Je veux envoyer ce
paquet à Strasbourg. Pourrais-tu le
mettre à la poste pour moi?

Helen: – Volontiers. A quelle heure la poste
est ouverte?

Francine: – De neuf heures et quart jusqu'à midi
et puis de deux heures de l'après-
midi jusqu'à cinq heures et demie.

2

Helen va à la poste. Elle s'approche du guichet.

Employé: – Au suivant.

Helen: – C'est combien pour envoyer une lettre en Angleterre?

Employé: – Deux francs dix, mademoiselle.

Helen: – Et pour une carte postale?

Employé: – Un franc quatre-vingts.

Helen: – Ça va moins vite, une carte postale?

Employé: – Généralement pas, mais vous pouvez la mettre dans une enveloppe si vous préférez.

Helen: – Ah non, ce n'est pas la peine. Donnez-moi deux timbres à 2.10F et six timbres à 1.80F, s'il vous plaît.

Employé: – Voilà, mademoiselle.

Helen: – Merci et voulez-vous peser ce colis? C'est pour la France.

Employé: – Voyons, c'est 9F50. Ça fait 19F10 en tout.

Helen: – Voilà, monsieur. Où est la boîte aux lettres?

Employé: – Là-bas, à côté de la porte, mademoiselle.

Vous avez tout compris?

Cherchez dans la deuxième liste pour trouver la bonne réponse à chaque question. Attention! Il y a plus de réponses que de questions.

1 Qu'est-ce que Francine va faire?

2 Pourquoi est-ce qu'Helen ne va pas au collège?

3 Qu'est-ce qu'Helen va acheter?

4 Où est le café-tabac?

5 Pourquoi Helen va-t-elle à la poste?

6 Qu'est-ce que Francine demande à son amie?

7 Qu'est-ce qu'Helen demande?

8 Est-ce que Francine veut envoyer un colis en Angleterre?

9 Combien coûtent les timbres en tout?

10 Où se trouve la boîte aux lettres?

Au coin de la rue (4)

De mettre un colis à la poste (6)

Devant le collège

Près de la porte (9)

Les heures d'ouverture de la poste (7)

Elle va partir pour l'école (1)

Deux francs dix (9)

Oui

Elle doit écrire des lettres (2)

Des cartes postales et des timbres (3)

Non. À Strasbourg (8)

Elle va acheter des cigarettes

Dix-neuf francs dix

Pour acheter des timbres (5)

Deux jeunes étudiants britanniques qui font du camping en France, attendent des lettres de leurs parents. Ils arrivent à la poste d'une grande ville en France.

Campeur: – La poste restante, c'est quel guichet, s'il vous plaît?

Employée: – Numéro sept. C'est marqué, monsieur.

Campeur: – Ah oui, je le vois. Merci, madame.

Campeur: – Bonjour, madame. Y a-t-il des lettres pour nous, poste restante? Aux noms de Flynn – ça s'écrit F-L-Y-NN – et Tracey T-R-A-C-E-Y.

Employée: – Voyons. Oui, voilà une lettre pour Monsieur Flynn et deux pour Monsieur Tracey. Vous avez des pièces d'identité?

Campeur: – Oui, voilà nos passeports. Ça va? Flynn, c'est moi et Tracey, c'est lui.

Employée: – Parfait. Voulez-vous signer ici, s'il vous plaît?

Campeur: – Merci, madame. Pour envoyer un télégramme, qu'est-ce que je dois faire?

Employée: – Prenez un formulaire, écrivez votre message et allez au guichet.

Campeur: – Lequel?

Employée: – Numéro neuf.

Campeur: – Merci, madame. Oh, pourriez-vous me donner de la monnaie pour le téléphone? J'ai un billet de cinquante francs.

Employée: – Certainement, monsieur. Les cabines téléphoniques sont au premier étage.

À la banque

Les deux campeurs vont maintenant à la banque pour toucher des chèques de voyage.

Employée: – Monsieur?

Campeur: – Je voudrais changer des chèques de voyage.

Employée: – Oui, monsieur. Combien?

Campeur: – Trois chèques de dix livres sterling.

Employée: – Voulez-voux signer, monsieur? Merci. Avez-vous votre passeport ou une pièce d'identité?

Campeur: – Voilà. La livre est à combien aujourd'hui?

Employée: – À onze francs vingt. Eh bien, prenez ce reçu et passez à la caisse là-bas.

(À la caisse)

Employée: – Voilà, monsieur, trois cent trente-six francs.

Campeur: – Merci. Pourriez-vous me donner la monnaie de cent francs?

Employée: – D'accord. Voilà.

Campeur: – Merci bien, madame.

Employée: – Je vous en prie.

Vous avez tout compris?

Choisissez les mots justes pour compléter ces phrases:

1 Les campeurs sont allés à la poste pour retirer des . . . . . , pour . . . . . un télégramme et pour . . .

2 Ils ont dû aller d'abord au . . . . . numéro sept.

3 L'employée a demandé des . . .

4 Le campeur a demandé la . . . . . de cinquante francs.

5 Ils ont dû monter l'escalier pour . . .

6 Ils sont allés à la banque pour . . .

7 Ils voulaient changer trois chèques de . . .

8 Ils ont pris le . . . . . et ont passé à la . . .

Pour téléphoner

1

Helen et Francine sont à la maison.

Helen: – Je peux téléphoner à mes parents, s'il te plaît, Francine? C'est l'anniversaire de ma sœur.

Francine: – Bien sûr, Helen. Fais comme chez toi.

Helen: – Je pourrais téléphoner en P.C.V., n'est-ce pas?

Francine: – Absolument pas! Moi, j'ai donné des coups de téléphone en France quand j'étais chez toi. Vas-y!

Helen: – Alors, qu'est-ce que je dois faire?

Francine: – D'abord, tu dois composer le 19. Attends un moment . . . il y a un changement de tonalité? Bon. Maintenant, l'indicatif pour la Grande-Bretagne, c'est le 44, et puis, l'indicatif pour Nottingham sans le premier zéro. Ça, c'est 602, et, enfin, ton propre numéro de téléphone.

Helen: – Ça y est. Ça sonne. Merci, Francine.

Vous avez tout compris?

Répondez en français:

1 Qu'est-ce qu'Helen veut faire?
2 Pourquoi?
3 Est-ce qu'elle va téléphoner en P.C.V.?
4 Pourquoi pas?
5 Quel numéro est-ce qu'elle doit composer pour commencer?
6 Quel est l'indicatif pour la Grande-Bretagne?
7 Si vous étiez en France, quel numéro composeriez-vous pour téléphoner chez vous?

2

Helen et Francine sont à la maison. Francine est dans la salle de bains quand le téléphone sonne. Helen décroche le récepteur:

Helen: – Allô

Mme Vincent: – Allô, c'est Florence à l'appareil. À qui est-ce que je parle?

Helen: – Ici c'est Helen, la correspondante de Francine.

Mme Vincent: – Ah, bonsoir Helen. Vous vous amusez bien en France?

Helen: – Oui, beaucoup, madame. Les Collet sont très gentils.

Mme Vincent: – Vous êtes ici depuis combien de temps?

Helen: – Depuis le 20 juin.

Mme Vincent: – Vous parlez très bien français. Vous l'apprenez depuis longtemps?

Helen: – Depuis quatre ans, madame. C'est moins difficile ici en France. Je suis obligée de comprendre et de parler.

Mme Vincent: – Bon. Je voudrais parler à Madame Collet. Elle est là?

Helen: – Ah non, je regrette, madame. Monsieur et Madame Collet sont sortis. Voudriez-vous parler à Francine?

Mme Vincent: – Oui, s'il vous plaît.

Helen: – Je vais l'appeler. Ne quittez pas, madame.

Vous avez tout compris?

Answer in English:

1 Where is Francine when the phone rings?
2 What does Helen do when the phone rings?
3 What is Madame Vincent's first question?
4 What does Helen say about the Collet family?
5 When did Helen arrive in France?
6 How long has she been learning French?
7 What is Helen obliged to do in France?
8 Why is Madame Collet not there?
9 What does Helen finally ask Madame Vincent to do?

Résumé

a-t-il   un bureau de poste   près d'ici?
                 une boîte aux lettres
                 une cabine téléphonique

La poste est   ouverte de 9.15 à 12.00 et de 14h à 17.30
                 fermée entre midi et deux heures

Je voudrais   envoyer *to send*   une lettre   en Angleterre(?)
C'est combien pour   une carte postale   en Irlande(?)
                                          un colis *parcel*   en Écosse(?)
                                                                au Pays de Galles(?)

Je voudrais   téléphoner en P.C.V. *Reverse charge*
                 envoyer un télégramme *Send a telegram*
                 changer des chèques de voyage

La poste restante *left letters*   c'est quel guichet? *its which counter*
Pour envoyer un télégramme

Est-ce que je peux avoir   deux timbres à 2F10   s'il vous plaît(?)
Donnez-moi   un formulaire *Form*
                              de la monnaie pour le téléphone
                              la monnaie de cent francs

Vous avez   des lettres pour moi?
                 une pièce d'indentité? *some ID*

Voulez-vous   signer ici?
                 prendre ce reçu? *receipt*
                 passer à la caisse? *go to the cash desk*

L'indicatif pour   Londres, c'est le 19 44 1
                   Édimbourg, c'est le 19 44 31
                   Belfast, c'est le 19 44 232
                   Cardiff, c'est le 19 44 222

Allô,   c'est moi, Philippe
                 c'est Florence à l'appareil
                 ici Jean

Ne quittez pas, monsieur *don't hang up*

Je suis ici depuis le 20 juin *since*
J'apprends le français depuis quatre ans *learning*
Vous attendez depuis longtemps?

Activités

Savez-vous téléphoner en France?

Vous avez peur du téléphone? C'est normal. Il y a beaucoup de gens qui refusent de s'en servir, même dans leur langue maternelle. Mais dans un pays étranger, c'est beaucoup plus difficile. Renseignez-vous sur ce qu'il faut faire pour réussir au téléphone:

Chaque numéro de téléphone a huit chiffres. La France est divisée en deux zones: Paris/Région parisienne et Province.

1 Pour téléphoner à l'intérieur de la zone province, ou à l'intérieur de la zone Paris/Région parisienne:

Décrochez

Attendez la tonalité

Composez le numéro demandé

2 Pour téléphoner de Paris/Région parisienne vers la province:

Décrochez

Attendez la tonalité

Composez le 16

Attendez la tonalité

Composez le numéro demandé

3 Pour téléphoner de la province vers Paris/Région parisienne:

Décrochez

Attendez la tonalité

Composez le 16

Attendez la tonalité

Composez le 1

Composez le numéro demandé

4 Pour téléphoner à l'étranger:

Décrochez

Attendez la tonalité

Composez le 19

Attendez la tonalité

Composez l'indicatif du pays

Composez l'indicatif de la zone (sans le zéro)

Composez le numéro demandé

Exemples

1 Vous êtes à Dieppe, vous
   voulez appeler vos parents
   qui habitent à Manchester:
   (Follow instruction 4)

Vous décrochez

Vous attendez la tonalité

Vous composez le **19**

Vous attendez la tonalité

*Vous composez l'indicatif du
Royaume-Uni* **44**

*Vous composez l'indicatif de la
zone de Manchester
(sans le zéro)* **061**

Vous composez le numéro demandé

2 Vous êtes à Dijon, vous voulez
   appeler le 45 64 22 22 à Paris:
   (Follow instruction 3)

Vous décrochez

Vous attendez la tonalité

Vous composez le **16**

Vous attendez la tonalité

Vous composez le **1**

*Vous composez le numéro
demandé* **45 64 22 22**

Maintenant à vous

You are in Rouen, explain to your partner
exactly what has to be done to call the following
numbers:

1 Bordeaux 56 24 57 81
2 Paris 39 51 85 46
3 York 85409: Area code 0904
4 Belfast 926542: Area code 0232

Composez des dialogues

Working with your partner,
write and practise short
dialogues for the following
situations. Give the replies as
well.

À la poste

1 Ask how much it is to send a
   postcard to Scotland (1F80).
   Ask for five stamps at that
   price.
   Ask how much it comes to.
   Ask where the post-box is.

2 Ask which counter you
   should go to for poste
   restante.
   Ask if there are any letters
   for you.
   Give your name and spell it.
   Show your passport for
   identification.

3 Ask what you should do to
   send a telegram.
   Ask where the forms are.
   Ask if it will arrive today.

4 Ask where you can telephone
   from.
   (The telephone booths are on
   the left)
   Say you would like to make a
   reversed charge call to
   England.
   Say what town, give the code
   and telephone number.

À la banque

5 Say you want to change some
   travellers' cheques.
   When asked how much, say
   two cheques for £10 each.
   Show your passport for
   identification.
   At the cash-desk ask if you
   can have change for 100F.

45

Des télégrammes

Pour envoyer un télégramme il faut écrire le message sur un formulaire qu'on trouve au bureau de poste. Vous payez selon le nombre de mots et la destination du télégramme. Il y a un minimum de dix mots pour la France et sept mots pour l'étranger.

Voici deux télégrammes que les deux campeurs ont envoyés. Comprenez-vous les messages? À qui croyez-vous qu'ils soient adressés?

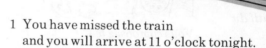

TÉLÉGRAMME N° 698

SERONS BORDEAUX 17 AOUT PASSERONS CHEZ TOI SI POSSIBLE APRES MIDI PATRICK

RESERVER DEUX PERSONNES TENTE ET VOITURE 18 AOUT DEUX NUITS TRACEY

Working with your partner, write telegrams to convey the messages on the right. Try not to use more than twelve words for each one. Notice that you can leave out words like *je*, *nous*, *le*, *un*, etc and that you don't need to use accents.

1 You have missed the train and you will arrive at 11 o'clock tonight.
2 You cannot come because your mother is ill, but it's not serious. You will come next week.
3 You will arrive late because the boat was delayed because of fog.
4 Reserve a room at a hotel for two people on the 23rd July for one night.
5 Reserve a place on a campsite for a tent and a car on the 19th August for three nights.

Mots circulaires

Pour chaque cercle, commencez n'importe où, allez dans n'importe quelle direction, ajoutez la lettre qui manque – et voilà un mot qui vous aidera à la poste!

Maintenant, mettez en ordre les lettres manquées pour faire un mot pour compléter cette phrase:

Je dois _____ à ma sœur ce soir.

Exercices

Ecrivez en français et apprenez par cœur

Relisez les dialogues si nécessaire.

to send

a stamp

a parcel

a counter position

to make a reversed charge call

to dial

the dialling code

the dialling tone

it's ringing

an identity document

a telegram form

a telephone booth

a coin

a travellers' cheque

a pound sterling

a receipt

the cash desk

small change

Hello, this is Florence speaking

Hold on

for four years

Que feriez-vous?

Most people dream about what they would do if they were very rich. Here is one person's dream. Complete each sentence in French using the verb given and the picture:

Exemple:

. . . acheter . . .

J'achèterais une grande voiture.

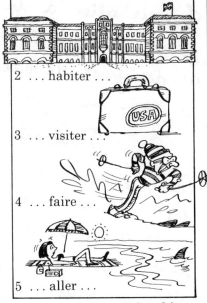

1 . . . acheter . . .

2 . . . habiter . . .

3 . . . visiter . . .

4 . . . faire . . .

5 . . . aller . . .

Now write in French five things that you would do if you were very rich.

Since when? *See Grammaire, page 52*

Answer the questions saying for how long the action has been going on. Make up a sensible length of time.

Use: minutes, heures, jours, semaines, mois or ans.

1 Monique est en Angleterre depuis combien de temps? *six jours.*

2 Tu as mal à la tête? *j'ai mal à la tête depuis deux heur.*

3 Vous ne fumez plus? *je ne fume plus depuis huit mois.*

4 Est-ce que Jean collectionne des timbres? *Oui je*

5 Elles aiment faire de l'équitation, tes sœurs?

6 Tu cherches toujours ton billet?

7 Vous apprenez le français depuis longtemps?

8 Depuis combien de temps ton fils va-t-il à l'école?

9 Vous attendez l'autobus numéro dix, madame?

10 Tu t'intéresses à l'astronomie?

If only! *See Grammaire, page 52*

Match up these sentences, then say what they mean:

Si j'avais beaucoup d'argent

Si elle était plus jeune

Si nous avions le choix

Si vous étiez libre

Si tu visitais Paris

S'ils savaient danser

Si je vendais ma moto

que feriez-vous?

ils s'amuseraient beaucoup

tu verrais les grands monuments

j'achèterais une moto

j'aurais de l'argent

elle irait à la disco

nous ne prendrions jamais le bus

47

Qu'est-ce que c'est?

Lisez la définition et écrivez le mot:

1 PTT ou

2 Une section du comptoir dans une poste, une banque ou une gare.

3 Vous y allez pour retirer votre courrier si vous n'avez pas d'adresse.

4 Vous la montrez pour prouver votre identité.

5 Vous les collez sur une lettre et une carte postale.

6 Vous pouvez l'envoyer par la poste, mais c'est plus grand qu'une lettre.

7 C'est pour envoyer rapidement un message bref.

8 Vous y écrivez votre message.

9 Vous en avez besoin pour téléphoner.

10 Vous y entrez pour téléphoner.

11 Il faut le composer quand vous téléphonez à l'étranger.

12 Les morceaux de papier que vous échangez pour de l'argent étranger.

13 Argent anglais.

14 Vous y allez pour payer dans un magasin et pour prendre votre argent dans une banque.

15 C'est de l'argent, mais ce n'est pas un billet de banque.

Répondez, s'il vous plaît

This is part of a letter you have received from your penfriend. Write a reply in French, making sure you answer all the questions:

Demain, nous avons un jour de vacances. Je vais aller à la piscine le matin et l'après-midi, je vais essayer de réparer mon vélo. Est-ce que tu as des jours de vacances? Qu'est-ce que tu ferais si tu avais une journée libre?

J'aimerais bien t'inviter chez nous cet été. Moi, je serai en vacances à partir du 30 juin. Et toi? Quand seras-tu libre? Est-ce que tu pourrais venir au mois d'août? Et qu'est-ce que tu aimerais faire? Il n'y a pas grand chose ici, mais on pourrait aller en ville où il y a une patinoire et un centre de sport qui est ouvert depuis quelques mois.

Entendu

Qu'est-ce qu'il a dit?

Listen to these short dialogues and after each one, write down in English what the man said.

Des coups de téléphone

During your stay in France you take several phone-calls and pass on the message.

Listen to the callers and note down in English the messages you have to give.

1 From Arnaud. *He can't ... because ...*
2 From Sandrine. *Tell Francine that ...*
3 From Monsieur Bertrand. *Ask Monsieur Collet to ... Number ...*
4 From Madame Tissot. *Tell Madame Collet that ... She will bring it ...*
5 From the Charlemagne store. *...*

Interview

A new recording artist is interviewed. After each question and answer, write down in English what you find out about her.

Lecture

This notice was distributed by a bank (Crédit Commercial de France or CCF) to warn the public about fraudulent use of stolen cheque books and identity documents.

Read it carefully and see if you can understand the advice given:

1 What two precautions against theft are you urged to take?
2 What two things should you do if you have your cheque book and identification papers stolen?

AVIS IMPORTANT

Personne n'est à l'abri d'escroqueries consécutives au vol de chéquier et de papiers d'identité.

Pour vous en préserver le mieux possible:
- ne laissez jamais votre chéquier ni vos papiers dans votre voiture ou sur votre bureau,
- ne rangez jamais vos papiers d'identité et votre chéquier au même endroit.

Si malgré ces précautions, vous êtes victime d'un escroc ...
- faites immédiatement une déclaration au commissariat de votre quartier,
- signalez-le à votre agence CCF et faites opposition sur les chèques non utilisés.

CREDIT COMMERCIAL DE FRANCE

125.000 cabines : l'isolement n'existe plus.

Plus de 125.000 cabines sont aujourd'hui installées en France. Fonctionnant 24 heures sur 24, la plupart vous permettent d'appeler aussi bien la localité voisine que les pays les plus lointains.

A l'intérieur de votre circonscription géographique, il vous en coûtera 0,50 F* quelles que soient la durée de la conversation et l'heure d'appel.

Dès que votre appel sort de la circonscription, le prix de la communication varie avec la distance et la durée, mais au-delà de 100 km et à l'intérieur de la France, la minute coûte 2,50 F* quelle que soit la distance (0,50 F par période de 12 secondes).

N'oubliez pas que pour le même prix, vous pouvez téléphoner 2 fois plus longtemps :
- En France métropolitaine du lundi au vendredi de 19 h 30 à 8 h ; du samedi 14 h au lundi 8 h ; les jours fériés toute la journée.

- Avec la Guadeloupe, Guyane et Martinique du lundi au vendredi de 21 h 30 à 10 h ; du samedi 16 h au lundi 10 h ; les jours fériés toute la journée.

Réduction d'un tiers pour les communications automatiques vers les pays de la C.E.E. : du lundi au samedi de 21 h à 8 h ; les dimanches et les jours fériés toute la journée.

Un tarif réduit est également applicable aux communications automatiques avec le Canada et les Etats-Unis (de 22 h à 10 h la semaine) ainsi qu'avec Israël (de 20 h à 8 h la semaine) et toute la journée les dimanches et jours fériés pour ces 3 pays.

Si vous téléphonez d'un hôtel, café, restaurant... vous paierez plus cher, mais le supplément ne devra jamais être supérieur de 40% au prix PTT; c'est la Direction départementale de la concurrence et des prix qui veille à l'application de ce principe.

12

Autres temps autres téléphones.

Le téléphone évolue

Dans les agences commerciales et téléboutiques, vous pouvez choisir un nouveau poste. Par exemple, un poste à clavier (5 F de supplément mensuel à l'abonnement)*, ou bien un modèle plus élaboré tel le DIGITEL 2000 (20 F de supplément mensuel à l'abonnement)*.

Au-delà du téléphone

On vous renseignera aussi sur le Téléphone de Voiture – le Télex qui permet un dialogue écrit avec les réseaux français et étrangers – la Télécopie qui transmet un document 21 x 29,7 cm en 3 minutes – l'Eurosignal, un appareil de poche qui vous signale qu'un correspondant cherche à vous joindre.

Des services quotidiens

Le service du réveil peut vous appeler à l'heure que vous lui aurez indiquée. En région parisienne, INF 1 diffuse 24 éditions quotidiennes d'informations téléphonées, réalisées par Radio-France.

L'horloge parlante, les informations météo, boursières... sont disponibles en permanence. Pour tous ces numéros voir page 24 ou consulter les pages bleues de l'annuaire.

En cas de nécessité

Vous pouvez transmettre un télégramme, soit par téléphone, soit par télex, soit en le présentant dans un bureau de Poste, soit en zone rurale, en le confiant au préposé. Il peut être distribué dans une carte illustrée (naissance, mariage, félicitations...).

13

Le téléphone public . . .

Read this article taken from an information booklet published by the PTT and try to collect information on these subjects:

1 The availability of telephone booths

2 The cost of local calls

3 The cost of long-distance calls within France

4 Cheap rates within France

5 Cheap rates to EEC countries

6 How much more you could pay if you phone from a hotel or café

. . . et privé

Make a list of the extra services you can get from your phone.

Where would you find the numbers to dial?

Jeu-test:
êtes-vous un gagnant?
... ou un perdant?

Il y a des gens qui se dirigent toujours vers le succès. Pour arriver à faire ce qu'ils ont décidé, ils utilisent tous les moyens, sans perdre courage, même si c'est difficile. Eux, ils sont des **gagnants**.

Et un **perdant**? Lui, il rêve mais il ne fait rien. Il se dit:

– C'est trop difficile pour moi. Ce n'est pas la peine. Un jour peut-être ...

Et vous? Que feriez-vous dans les situations suivantes? Choisissez vos réponses puis regardez p. 53 pour compter vos points.

1   À une boum, vous voyez quelqu'un ou quelqu'une qui vous semble très sympa et à qui vous aimeriez parler:

a) Vous vous approchez tout de suite de lui ou d'elle

b) Vous demandez à un ami commun de vous présenter à lui/elle

c) Vous vous dites: – Il/Elle ne voudrait pas me rencontrer. Je ne saurais pas que dire

2   Avec vos amis vous décidez de faire du camping pendant les vacances:

a) Vous espérez que tout ira bien

b) Vous êtes sûr que tout ira bien

c) Vous faites une liste des choses à faire et vous distribuez le travail

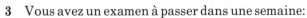

3   Vous avez un examen à passer dans une semaine:

a) Vous avez peur de ne pas réussir à l'examen et vous ne pouvez pas travailler

b) Vous travaillez comme d'habitude pendant toute la semaine

c) Vous pensez que ce sera facile et que vous n'avez pas besoin de travailler

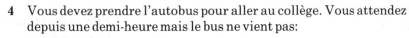

4   Vous devez prendre l'autobus pour aller au collège. Vous attendez depuis une demi-heure mais le bus ne vient pas:

a) Vous rentrez vite à la maison pour prendre votre vélo

b) Vous rentrez chez vous et vous y restez

c) Vous continuez à attendre à l'arrêt

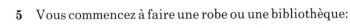

5   Vous commencez à faire une robe ou une bibliothèque:

a) Vous croyez que ce sera fini dans une journée

b) Au bout d'une semaine vous décidez de recommencer ...

c) En trois jours tout est fini

Résultats du test, p. 53

Grammaire

The conditional tense

You have been using one form of this tense since your early days of learning French:
Je voudrais *I would like.*

It is not essential that you should be able to use this tense when you are speaking or writing, but you will come across it when you are reading or listening to French. You will need, then, to understand why it is used and how it is formed.

The conditional tense expresses the idea of *would*, often with a condition: *I would do something if . . .*

There is nothing new to learn about the formation of the tense. If you look at *je voudrais* you will see that its ending is that of the imperfect tense and its beginning is that of the future tense.

Here are three regular verbs in the conditional tense:

je regarderais   je choisirais
tu regarderais   tu choisirais
il
elle } regarderait   il elle } choisirait
on
nous regarderions   nous choisirions
vous regarderiez   vous choisiriez
ils
elles } regarderaient   ils elles } choisiraient

je vendrais
tu vendrais
il
elle } vendrait
on
nous vendrions
vous vendriez
ils
elles } vendraient

You have learnt the important verbs with irregular future stems; simply add the imperfect endings to these to put them into the conditional tense:

je ferais *I would do*
Il aurait *he would have*
nous serions *we would be*
pourrais-tu . . .?
would you be able . . .? (could you . . .?)
voudriez-vous . . .? *would you like . . .?*
ils verraient *they would see*

The conditional tense, as its name implies, is used to say what would happen if a condition were applied:

Si je gagnais beaucoup d'argent, j'achèterais une Rolls-Royce
If I had a lot of money, I would buy a Rolls-Royce
S'il avait le choix, il n'irait jamais au collège
If he had the choice, he would never go to school

Notice that the 'if' part of the sentence is in the imperfect tense.

Depuis

Saying since when or how long something has been going on. If you look up *depuis* in a dictionary, you will find that it means *since*, but notice the difference in the tense of the verb between the French and the English:

Il attend (present tense) depuis ce matin
He has been waiting (past tense) *since this morning*
Ils ne se parlent plus depuis leur dispute
They haven't spoken to each other since their quarrel

Now look at this sentence:
Il attend depuis dix minutes

Again, the present tense is used, but it would not make sense to translate *depuis* as *since*! *Depuis* is used here to say how long: *He has been waiting for ten minutes.*

What do you think these sentences mean?
Mon père ne fume plus depuis six mois. 6 mo/=
Vous apprenez le français depuis combien de temps?
Tu m'attends depuis un quart d'heure?
Je suis professeur depuis vingt-neuf ans.
→ I have been a teacher for 29 years.

Emphatic pronouns

These are the emphatic pronouns; they are used to refer to people:

moi *me*		nous *us*	
toi *you*		vous *you*	
lui *him*		eux *them*	
elle *her*		elles *them*	

You need the emphatic pronoun for three main purposes:

1 For emphasis

Moi, je n'aime pas les films d'amour. Et **toi**?
*I don't like romantic films. Do **you**?*

Je voudrais une glace. **Moi** aussi
*I'd like an ice-cream. **Me** too*

Qui a fait cela? C'est **lui**, monsieur
*Who did that? **Him**, sir*

2 When making comparisons

Je suis aussi grand que **toi**
*I am as big as **you** are*

Elle est plus intelligente que **lui**
*She is more intelligent than **him***

Nous courons moins vite qu'**eux**
*We can't run as fast as **them***

3 After prepositions

avec **nous** *with us*   après **eux** *after them*
pour **elles** *for them*   devant **lui** *in front of him*

Two prepositions have special uses:
à can indicate belonging to:
Cette valise est à **moi** *This suitcase is mine*
A qui est ce livre? Il est à **lui**
*Whose is this book? It's **his***

chez means ***at* or *to* the home of**
On va chez **toi**? *Shall we go to your house?*
Ils restent chez **eux** *They are staying at home*

Vocabulaire

à l'appareil *speaking (on the phone)*
un billet (de banque) *a banknote*
une boîte aux lettres *a post box*
une cabine téléphonique *a phone box*
un colis *a parcel*
composer *to dial*
décrocher *to lift the receiver*
envoyer *to send*
un formulaire *a form*
un indicatif *a dialling code*
une livre (sterling) *a pound sterling*
mettre à la poste *to post*
la monnaie *small change*
un paquet *a packet, parcel*
une pièce *a coin*
une pièce d'identité *an identity document*
retirer *pick up*
téléphoner en P.C.V. *to make a reversed charge call*
un timbre *a stamp*
la tonalité *the dialling tone*

Résultats du test

Points 1: a) 3   b) 2   c) 1
    2: a) 1   b) 3   c) 2
    3: a) 1   b) 2   c) 3
    4: a) 2   b) 3   c) 1
    5: a) 3   b) 1   c) 2

Si vous avez 5–7 points, vous êtes un **perdant**. Il vous faut devenir plus courageux. Rien n'est impossible!

Si vous avez 8–12 points, vous êtes un **gagnant**! Félicitations! Vous aurez probablement du succès dans la vie.

Si vous avez 13–15 points, vous êtes un peu trop sûr de vous. Il faut réfléchir et travailler pour réussir.

Qu'est-ce qui ne va pas?

Aims

1 Dealing with minor illness or injury

2 Going to the doctor's and the chemist's

3 Dealing with a road accident

4 Using the present participle

Phrases clef

Comment vas-tu? *How are you?*
Qu'est-ce qui ne va pas? *What's wrong?*
Qu'est-ce que tu as? *What's the matter?*
Ça ne va pas aujourd'hui *I'm not very well today*
Je me sens malade *I feel ill*
J'ai mal à la gorge *I've got a sore throat*
Mes dents me font mal *My teeth are hurting me*
Je suis enrhumé *I've got a cold*
On va appeler le médecin *We'll call the doctor*
Tu dois aller voir le dentiste
You should go and see the dentist

At the chemist's

Je voudrais du sparadrap, s'il vous plaît
I would like some sticking-plaster, please
Avez-vous quelque chose ~~contre~~ pour les coups de soleil?
Have you got anything for sunburn?
Pouvez-vous me conseiller quelque chose contre la toux?
Can you recommend something for a cough?
Voici des pansements adhésifs
Here are some adhesive dressings
Prenez ces comprimés trois fois par jour
Take these tablets three times a day
Cette crème est très bonne
This cream is very good
Êtes-vous déjà allé chez un dentiste?
Have you already been to a dentist?
Il faut avoir une ordonnance pour ça
You must have a prescription for that
Je vous conseille de voir un médecin
I advise you to see a doctor

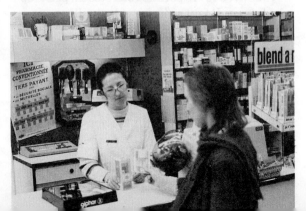

GROUPE MEDICAL SAINT BERNARD
___

Docteur B. DEMOLIN

Docteur B. ROUGEOT

Docteur J-P. SACONNEY

GENERALISTES

KLEINHANS GRAVEURS DIJON

At the doctor's

Il faut prendre rendez-vous *You have to have an appointment*

Je vais vous examiner *I'll examine you*

Vous vous sentez malade depuis combien de temps?
How long have you been feeling ill?

Ce n'est pas grave *It's not serious*

Vous avez la grippe *You have got flu*

Vous devez rester au lit pendant deux ou trois jours
You must stay in bed for two or three days

Je vais vous faire une ordonnance
I'm giving you a prescription

Accident

Vous êtes blessé? *Are you injured?*

Je suis blessé au bras *I've injured my arm*

Il n'y a personne de blessé *No one is injured*

Où est-ce que ça fait mal? *Where does it hurt?*

Il est gravement blessé *He is seriously injured*

Voulez-vous appeler une ambulance?
Will you call an ambulance?

Ce n'était pas de ma faute *It wasn't my fault*

J'avais la priorité *I had right of way*

Faisons le constat tout de suite
Let's make out the accident report straightaway

Avez-vous votre attestation d'assurance?
Have you got your insurance certificate?

Au secours! *Help!*

Dialogues

Amanda est chez sa correspondante, Yvette. Ce matin elle se lève se sentant malade:

Mme Leclerc:	– Qu'est-ce que tu as, Amanda? Tu as l'air malade.
Amanda:	– Je ne vais pas très bien. J'ai mal à la tête et à l'estomac.
Mme Leclerc:	– Tu as bien dormi?
Amanda:	– Non, pas très bien. J'avais chaud pendant la nuit.
Mme Leclerc:	– Ma pauvre petite, tu as de la fièvre. Est-ce que tu as mal à la gorge aussi?
Amanda:	– Non, je n'ai pas mal à la gorge.
Mme Leclerc:	– Et au cœur?
Amanda:	– Oui, un peu. Et mon dos me fait mal. Il est brûlé. J'attrape facilement des coups de soleil.
Yvette:	– On est resté trop longtemps au soleil hier. C'est peut-être une insolation.
Mme Leclerc:	– Alors, tu vas te coucher tout de suite. Je vais te donner des aspirines et de la crème pour ton dos. Il te faut rester à la maison pendant deux ou trois jours, ma pauvre petite. Je prendrai rendez-vous pour voir le médecin.

Peter est chez son correspondant, Étienne. Lui non plus n'est pas en pleine forme:

Étienne:	– Maman, il y a eu un petit accident. Peter est tombé de vélo en faisant le tour du parc.
Mme Simon:	– Viens, Peter, où est-ce que tu t'es blessé?
Peter:	– Ce n'est rien. Je me suis blessé au genou et au bras, mais je n'ai pas très mal.
Mme Simon:	– Laisse-moi regarder, Peter. Ton bras est très sale. Je vais le laver et faire un pansement. Assieds-toi là. Et toi, Étienne, tu vas mieux maintenant?

Étienne: – Non, maman, pas vraiment. J'ai toujours mal aux dents.

Mme Simon: – Tu dois aller voir le dentiste. Je vais te prendre un rendez-vous. Ça va?

Étienne: – Si tu y tiens, maman.

Vous avez tout compris?

1 Écrivez huit phrases vraies d'après le dialogue:

Amanda	a mal	au bras
Yvette		dos
Peter		cœur
Étienne		genou
		ventre
		à la bouche
		gorge
		tête
		à l'estomac
		aux dents
		yeux
	va bien	

Et vous? Comment allez-vous? Qu'est-ce que vous avez?

2 Écrivez *vrai* ou *faux* pour chaque phrase:

a) Amanda est chez son correspondant, Étienne

b) Amanda n'a pas bien dormi

c) Elle n'a pas de température

d) Elle a attrapé un coup de soleil

e) Elle va prendre un médicament

f) Madame Leclerc a appelé le médecin

g) Peter est gravement blessé

h) Étienne va aller voir le dentiste

À la pharmacie

Quelquefois les touristes ont de petits problèmes de santé. Ils vont souvent chez le pharmacien:

Touriste: – Bonjour, monsieur. Avez-vous quelque chose contre les piqûres d'insectes?

Pharmacien: – Oui, monsieur, j'ai deux très bonnes crèmes. Laquelle voulez-vous?

Touriste: – Laquelle est la moins chère?

Pharmacien: – Celle-ci. Il y a un grand tube et un petit. Lequel prenez-vous?

Touriste: – Le petit, s'il vous plaît. Et je voudrais aussi du sparadrap.

Pharmacien: – Voilà, monsieur. Ça fait 12.50F en tout.

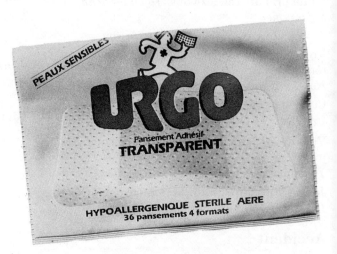

Pharmacien: – Vous désirez, mademoiselle?

Touriste: – Je suis enrhumée. Pouvez-vous me conseiller quelque chose contre la toux?

Pharmacien: – Oui, il y a des sirops et des pastilles. Que préférez-vous?

Touriste: – Qu'est-ce qui est le plus efficace?

Pharmacien: – Généralement, les sirops. Voici un très bon sirop, mais vous devez faire attention. Il est dangereux pour les enfants.

Touriste: – Entendu. Je le prends. Merci.

Touriste: – Bonjour, monsieur. Mon amie m'a conseillé un médicament pour le mal au dos. Ça s'appelle 'Musclux' je crois.

Pharmacien: – Ah, pour ça, madame, il faut avoir une ordonnance. Je vous conseille de voir un médecin.

Touriste: – Monsieur, pouvez-vous m'aider? C'est mon fils. Il a mal aux dents depuis ce matin.

Pharmacien: – Êtes-vous allé voir un dentiste?

Touriste: – Non, pas encore. J'espérais que ce ne serait pas nécessaire.

Pharmacien: – Il a quel âge, votre fils?

Touriste: – Dix ans.

Pharmacien: – Je peux vous donner ces comprimés. Il doit en prendre un trois fois par jour, mais je vous conseille fortement de voir un dentiste.

Pharmacien: – Qu'est-ce que vous avez, madame? Asseyez-vous, je vous prie.

Touriste: – Oh, je me sens malade. J'ai mal à la tête, à la gorge et au ventre.

Pharmacien: – Il me semble, madame, que vous êtes très malade. C'est peut-être la grippe. Je vais vous donner deux cachets maintenant, et puis, vous devez rentrer chez vous et appeler le médecin.

Vous avez tout compris?

Répondez en anglais:

1st tourist: What did he ask for?
What choice was he offered?
Which did he choose?
What else did he buy?

2nd tourist: What was wrong with her?
What choice was she offered?
What question did she ask before deciding?
What warning did the chemist give?

3rd tourist: Why did she ask for 'Musclux'?
What was it supposed to cure?
Why did the chemist not give it to her?
What did he advise?

4th tourist: How long had the child been suffering?
From what?
What *two* questions did the chemist ask?
What instructions did the chemist give about the tablets?

5th tourist: How did the chemist show his concern about the lady's condition?
What did he give her?
What did he say she should do?

Au cabinet de consultation

Si vous vous inquiétez de votre santé, vous pouvez consulter le médecin. Il faut prendre rendez-vous à l'avance. Voici des gens qui expliquent leur problème au médecin.

Patiente: – Bonjour, docteur.

Médecin: – Bonjour, mademoiselle. Qu'est-ce qui ne va pas?

Patiente:	– Je me sens malade. J'ai mal à la gorge. Je suis très faible et fatiguée.
Médecin:	– Eh, bien. Je vais vous examiner. Ouvrez la bouche, s'il vous plaît. Oui, merci. Depuis combien de temps vous sentez-vous malade?
Patiente:	– Depuis deux jours.
Médecin:	– Vous avez la grippe. Ce n'est pas grave. Je vais vous donner une ordonnance. Prenez deux cuillerées de sirop trois fois par jour. Restez au lit et prenez beaucoup de boissons chaudes. Je passerai chez vous si vous n'allez pas mieux dans trois jours.
Patiente:	– Merci, docteur.
Médecin:	– Bonjour Monsieur Duclos. Qu'est-ce que vous avez?
M. Duclos:	– C'est mon bras, docteur, ou plutôt, mon poignet. Je suis tombé hier en descendant l'escalier et je me suis fait mal.
Médecin:	– Laissez-moi l'examiner. Oui, vous vous êtes foulé le poignet, probablement, mais vous devez aller à l'hôpital pour faire faire une radiographie par précaution.

Vous avez tout compris?

Répondez en français:

1 La jeune fille, qu'est-ce qu'elle a?
2 Elle se sent malade depuis combien de temps?
3 Qu'est-ce que le médecin lui donne?
4 Et Monsieur Duclos, qu'est-ce qu'il a?
5 Comment est-ce qu'il s'est blessé?

Et maintenant en anglais:

6 What symptoms does the girl complain of?
7 How should she take the medicine?
8 What two things does the doctor tell her to do?
9 What does the doctor finally promise?
10 What is the doctor's diagnosis of M. Duclos' injury?
11 What does he suggest, just to be on the safe side?

Un accident

Savez-vous que faire si vous avez un accident de la route, ou si vous êtes témoin d'un accident?

Deux voitures se sont heurtées. Les conducteurs se parlent.

Conducteur:	– Il y a quelqu'un de blessé?
Conductrice:	– Heureusement, non. Et vous?
Conducteur:	– Je ne suis pas blessé, mais ma voiture! Regardez! Le phare et la portière! A quoi vous pensiez?'
Conductrice:	– Ce n'était pas de ma faute.
Conducteur:	– Mais si. C'est moi qui avais la priorité.
Conductrice:	– Ne nous disputons pas. Faisons le constat tout de suite. Vous avez votre attestation d'assurance?
Conducteur:	– Oui, voilà. Voulez-vous écrire votre nom et votre adresse sur ce papier?

Voici un accident plus grave:

Conducteur:	– Au secours.
Passant:	– Le conducteur est gravement blessé. Allez. Vite. Appelez une ambulance, et la police aussi.
Passante:	– D'accord. Prenez mon manteau pour couvrir le blessé.
Passant:	– Monsieur, où est-ce que vous avez mal?
Conducteur:	– Je suis blessé à la jambe.
Passant:	– N'essayez pas de bouger, monsieur, et ne vous inquiétez pas. L'ambulance va bientôt arriver.

Vous avez tout compris?

Premier accident

Choisissez la bonne réponse:

1 Who was injured?
   a) Neither of them
   b) The male driver
   c) The lady driver
   d) Both of them

2 What was damaged?
   a) The windscreen and the door
   b) The windscreen and the bumper
   c) The door and the headlight
   d) The headlight and the bumper

3 What did the man say?
   a) That it wasn't his fault
   b) That it was his fault
   c) That she had right of way
   d) That he had right of way

4 What did the lady ask the man?
   a) If he had his driving licence
   b) If he had his insurance certificate
   c) For his name and address
   d) For an accident form

5 What three pieces of advice are given on the cover of the accident form?

Deuxième accident

Write an account, in English, of what happened.

Constat Européen d'Accident

ne nous fâchons pas

restons courtois

soyons calmes

59

Résumé

Qu'est-ce	que tu as?	
	vous avez?	
	qu'il y a?	
	qui ne va pas?	
Je me sens	malade	
suis		
J'ai mal	à la gorge	
Je suis blessé	à l'épaule	
	aux pieds	
	etc.	
Je me suis	coupé *cut*	le doigt *finger*
	brûlé *burn*	
	foulé *sprained*	
Mon bras me fait *feel*	mal	
Mes dents me font		
Tu dois	appeler le médecin	
Je vous conseille de (d')	aller voir le médecin	
	dentiste	
	rester au lit	
	vous coucher	
Je voudrais	quelque chose ~~contre~~ *pour*	les coups de soleil (?)
Avez-vous		la toux (?) *cough*
Pouvez-vous me conseiller *advise*		les piqûres d'insecte (?)
		la diarrhée (?)
		le mal de mer (?) *sea sickness*
Prenez	un	cachet *Tablet* trois fois par jour
	deux	comprimés *Tablet* après les repas
		cuillerées matin et soir
Il faut	prendre	rendez-vous
Vous devez	aller à l'hôpital	
Je vais	vous examiner	
	vous donner une ordonnance *prescription*	
Ce n'est pas grave *not serious*		
C'est assez grave		
Vous avez	la grippe *flu*	
	un rhume *cold*	
	une insolation *sun stroke*	

I feel sick.
J'ai mal au coeur.
J'ai une douleur au coeur / dans le coeur
I have a pain in the heart.

PARACETAMOL TYLENOL 500
propriété: SOULAGE RAPIDEMENT LA DOULEUR.
16 gélules à 500 mg.

Posologie
Adultes seulement :
3 à 4 cuillerées à soupe par jour.

SIROP HEDERA CODEINE

INDICATIONS
AFFECTIONS DES VOIES RESPIRATOIRES
TOUX - BRONCHITES

Vous êtes
Il y a quelqu'un de
Il n'y a personne de   blessé(?)
Il est gravement
Où est-ce que vous êtes

Voulez-vous   appeler   une ambulance?
Avez-vous déjà   appelé   la police?

Ce n'était pas de ma faute
J'avais la priorité
Faisons le constat
Avez-vous votre attestation d'assurance?
                 permis de conduire?

Activités

Deux à deux (1)   Jouez des rôles   *See page 62*

A

1 You are a patient; your partner is the doctor.

   Tell the doctor you feel ill. You have a headache and a sore
   throat. Find out what you should do and where the nearest
   chemist's is.

2 Now you are the doctor and your partner is your patient.

   Find out what is wrong and how long the condition has lasted.
   Find out what the patient has eaten. Tell the patient to go home
   and stay in bed. The patient should have plenty to drink.

Les cinq malades

Il y a cinq garçons malades. Ils
s'appellent:
Fabrice Fièvre
Gilles Grippe
Yves Insolation
Marc Maldemer
René Rhume

Lisez ces renseignements pour
découvrir qui a quelles
maladies.   *Réponses, p. 67*

En français, s'il vous plaît

Find the French equivalent for
the following expressions and
learn them by heart. Read the
dialogues again, if necessary:

what's the matter?
I'm not very well
I've got stomach ache
what a pity
you have a temperature
my back hurts
you must stay indoors
I'll make an appointment
fully fit
there was a slight accident
where are you hurt?
I've cut my knee
they don't hurt much
which one do you want?
I've got a cold
which one do you prefer?
your health
how long have you been feeling
ill?
for two days
it's not serious

Chaque garçon a deux maladies.
Leurs maladies ne correspondent pas à leur nom.
Leurs maladies correspondent au nom d'un autre.
Gilles n'a pas une insolation.
Gilles et Marc vont chez le même médecin que les deux garçons
qui sont enrhumés.
Les deux garçons qui ont le nom des maladies de Gilles n'ont
pas la grippe.
René n'a jamais voyagé en bateau.

61

Deux à deux (1) *See page 61*
Jouez des rôles

B

1 You are a doctor. Your partner is your patient. Find out what is wrong. It's not serious. Give a prescription for tablets: two tablets should be taken twice a day. The nearest chemist's is in the market square.

2 Now you are the patient and your partner is the doctor.
You have been feeling sick for three days. You have eaten very little. Ask if it is serious. Find out what you should do, and how long you should stay in bed.

Exercices

Corrigez les fautes

We should try to be as accurate as possible when writing French, but even printers make mistakes. Can you spot the five mistakes in this passage and write it out correctly?

Il y as eu un accident
   a   *ce*
cet matin au centre
de le ville. Un auto-
      a
bus, en montante sur
         mounted the
le trottoir, a blessent
pavement + injured
deux piéton.
2 pedestrians

Lequel voulez-vous? *See Grammaire, p. 67*

Write the third line for each of these dialogues, answering the shopkeeper's question. Choose your answer from:
Celui-là   Celle-là   Ceux-là   Celles-là

Example:

Client: Un kilo de pommes de terre, s'il vous plaît.
Vendeur: Lesquelles voulez-vous?
Client: Celles-là.

1 Client: Un paquet de chips, s'il vous plaît.
   Vendeur: Lequel voulez-vous?
   Client: Celui-là

2 Client: Un litre d'huile, s'il vous plaît.
   Vendeur: Laquelle voulez-vous?
   Client: Celle-là

3 Client: Un pain, s'il vous plaît.
   Vendeur: Lequel?
   Client: Celui-là

4 Client: Une livre de tomates, s'il vous plaît.
   Vendeur: Lesquelles?
   Client: Celles-là

Now supply the second line of each dialogue, the shopkeeper's question:

5 Client: Une bouteille de limonade, s'il vous plaît.
   Vendeur: Laquelle voulez-vous?
   Client: Celle-là.

6 Client: Trois glaces, s'il vous plaît.
   Vendeur: Lesquelles voulez-vous?
   Client: Celles-là.

7 Client: Deux yaourts, s'il vous plaît.
   Vendeur: Lesquels voulez-vous?
   Client: Ceux-là.

8 Client: Un litre de vin rouge, s'il vous plaît.
   Vendeur: Lequel voulez-vous?
   Client: Celui-là.

Learn by writing

Read the notes on the present participle on p. 67, then complete this table.

Infinitive	Nous form	Participle	English
regarder	regardons	regardant	*looking*
envoyer	envoyons	envoyant	*sending*
faire	faisons	*faisant*	*doing*
voyager	voyageons	*voyageant*	*travelling*
finir	*finissons*	finissant	*finishing*
attendre	*attendons*	*attendant*	*waiting*
rire	rions	*riant*	*laughing*
rentrer	*rentrons*	*rentrant*	*returning*

Apprenez en écrivant

Make sure you fully understand the use of the present participle by translating these sentences into English:

1 Nous apprenons en écoutant, en lisant, en parlant et en écrivant. *listening, reading, speaking, writing*

2 En voyageant en bateau j'ai toujours le mal de mer. *while travelling by boat I am always sea sick*

3 Elle est tombée en montant l'escalier. *climbing the stairs*

4 On réussit en essayant. *One succeeds by trying.*

5 Est-ce que tu écoutes des disques en faisant tes devoirs? *listens   doing your homework*

6 N'ayant pas de devoirs, il est sorti. *Not having homework, he is going out.*

7 J'ai traversé la rue en courant. *running,*

8 Étant fatiguée, elle s'est couchée. *being tired, she is going to bed*

9 J'ai lu le journal en vous attendant.
I have read the paper whilst waiting for you.

Entendu

Comment vas-tu?

Five people are asked how they feel. Make a list of their names and beside each one write, in English, a short 'medical bulletin':

Benoît: – *not bad cold that all*

Paulette: – *sick bad morning*

Brigitte: – *teeth + temp*

Monsieur Duval: – *?*

Madame Clusot: – *?*

Chez le pharmacien ... ou la pharmacienne

Listen to these conversations which take place in a chemist's shop. There are two questions to answer for each one:

1 a) What does the girl ask for?
   b) What question does the chemist ask?

2 a) What two things does the man buy?
   b) What choice is he given?

3 a) Why does the lady not get her medicine?
   b) What is she going to do?

4 a) What two things does the man want?
   b) Why does he want them?

5 a) What advice does the lady seek?
   b) What does the chemist want to know?

6 a) What is the man offered for his cough?
   b) What instruction is he given?

Qu'est-ce que le médecin a dit?

If you need to see a doctor, it is important that you understand exactly what he says to you. Listen to this doctor talking to various patients. Can you understand what he says? Write it down in English.

Lecture

Emergency medical services

Local newspapers carry information which you might need in an emergency. This notice is in a Strasbourg newspaper, which is why many of the names look more German than French. Can you understand the information?

1 You are taken ill at midday on Friday and your usual doctor is away. You are staying near the town centre. Which doctor would you phone?
2 What is this doctor's home telephone number?
3 When is Dr Moellinger on call?
4 What is the name of the doctor on night call for people in the Hangenbieten area?
5 What are the emergency hours of the five chemists listed?
6 Is there any time when you could not call an ambulance?

En cas d'accident

This is the accident report form that French motorists should fill out if they are in an accident involving two vehicles. The word *amiable* indicates the report is made by mutual agreement between the two parties. You will see that there are two identical sections, one to be filled in by each driver.

Can you understand what is needed?

dégâts *damage*

1 What information is asked for in boxes 1, 2, 4 and 5?
2 What should be underlined in box 5?
3 What two details about the car should be given in box 7?
4 What two documents are required to complete boxes 8 and 9?
5 Section 12 requires each driver to indicate by a cross the circumstances in which the accident occurred. Which boxes would the driver mark if:
   a) he was about to park the car
   b) he crashed into the rear of the other vehicle which
      – was going in the same direction
      – was turning left
6 Box 13 is a blank space (larger than actually shown here) in which a *croquis* has to be inserted. What do you think a *croquis* is?

---

h 45 à 17 h 30 : Cronenbourg, p...
17 h : Aubette, salons Ricard : Réun...
cances Familles.

Médecins de garde

EN L'ABSENCE DE VOTRE MEDECIN TRAITANT,
ADRESSEZ-VOUS A PARTIR DE CE VENDREDI MATIN 8 H
JUSQU'A DEMAIN MATIN 8 H:

CENTRE VILLE:
— Dr Auge, 20, rue Tite-Live, Kœnigshoffen, tél. 30.71.21 - privé 59, rue Virgile, Kœnigshoffen, tél. 30.77.87.
NEUDORF - NEUHOF - MEINAU - PORT DU RHIN:
— Dr Dreyel, 23, rue de Metzeral, Neudorf, tél. 84.22.90 - privé 10, rue des Prés, Neudorf, tél. 34.56.04.

A PARTIR DE CE VENDREDI SOIR 20 H JUSQU'A DEMAIN MATIN 8 H:

SCHILTIGHEIM - BISCHHEIM - HŒNHEIM - SOUFFELWEYERS-HEIM:
— Dr Moellinger, 3, rue de Dambach, Souffelweyersheim, tél. 20.44.69.
CRONENBOURG - HAUTEPIERRE:
— Dr Kieffer, 16, rue du Rieth, Cronenbourg, tél. 30.44.03 - privé 56.01.41.
LINGOLSHEIM - OSTWALD - ELSAU - MONTAGNE-VERTE - HOLTZHEIM:
— Dr Nerson, 2, rue des Juifs, Lingolsheim, tél. 78.28.22.
ILLKIRCH-GRAFFENSTADEN:
— Dr Neuburger, 201, route de Lyon, tél. 67.10.20 - privé 67.00.89.
HANGENBIETEN:
— Dr Paradis, Hangenbieten, tél. 96.00.77.

Service des pharmacies

A PARTIR DE CE VENDREDI SOIR 19 H JUSQU'A DEMAIN MATIN 9 H:

— Pharmacie Vauban, 4, rue Tarade, place de Kehl.
— Pharmacie Mathis, 68, rue Boecklin, Robertsau.
— Pharmacie Wieger, 209, route de Schirmeck, Montagne-Verte.
— Pharmacie Fuchs, 4a, rue de Lingolsheim, Holtzheim.
— Pharmacie Lang, 26a, rue Principale, Gries.

Ambulances

PERMANENCE DE JOUR ET DE NUIT :

— Ambulances de Souffel, 28, rue du Canal, Souffelweyersheim, tél.
30.54.33.

Ordre des avocats

...12 h : Informations juridiques

constat amiable d'accident automobile

Ne constitue pas une reconnaissance de responsabilité, mais un relevé des identités et des faits, servant à l'accélération du règlement

à signer obligatoirement par les DEUX conducteurs

1. date de l'accident   heure   **2. lieu** (pays, n° dépt, localité)

3. blessé(s)   même léger(s)
non ☐   oui ☐ *

4. dégâts matériels autres qu'aux véhicules A et B
non ☐   oui ☐ *

5. témoins noms, adresses et tél. (à souligner s'il s'agit d'un passager de A ou B)

---

véhicule **A**

6. assuré souscripteur (voir attest. d'assur.)

Nom (majusc.) _____

Prénom _____

Adresse (rue et n°) _____

Localité (et c. postal) _____

N° tél. (de 9 h. à 17 h.) _____

L'Assuré peut-il récupérer la T.V.A. afférente au véhicule?   non ☐   oui ☐

7. véhicule

Marque, type _____

N° d'immatr. (ou de moteur) _____

8. sté d'assurance

N° de contrat _____

Agence (ou bureau ou courtier) _____

N° de carte verte _____
(Pour les étrangers)
Attest. ou carte verte } valable jusqu'au _____

Les dégâts matériels du véhicule sont-ils assurés?   non ☐   oui ☐

9. conducteur (voir permis de conduire)

Nom (majusc.) _____

Prénom _____

Adresse _____

Permis de conduire n° _____

catégorie (A, B, ...) ___ délivré par _____
le _____

permis valable du _____ au _____
(Pour les catégories C, C1, D, E, F et les taxis)

---

12. circonstances

Mettre une croix (x) dans chacune des cases utiles pour préciser le croquis.

☐	1	en stationnement	1 ☐
☐	2	quittait un stationnement	2 ☐
☐	3	prenait un stationnement	3 ☐
☐	4	sortait d'un parking, d'un lieu privé, d'un chemin de terre	4 ☐
☐	5	s'engageait dans un parking, un lieu privé, un chemin de terre	5 ☐
☐	6	s'engageait sur une place à sens giratoire	6 ☐
☐	7	roulait sur une place à sens giratoire	7 ☐
☐	8	heurtait l'arrière de l'autre véhicule qui roulait dans le même sens et sur la même file	8 ☐
☐	9	roulait dans le même sens et sur une file différente	9 ☐
☐	10	changeait de file	10 ☐
☐	11	doublait	11 ☐
☐	12	virait à droite	12 ☐
☐	13	virait à gauche	13 ☐
☐	14	reculait	14 ☐
☐	15	empiétait sur la partie de chaussée réservée à la circulation en sens inverse	15 ☐
☐	16	venait de droite (dans un carrefour)	16 ☐
☐	17	n'avait pas observé un signal de priorité	17 ☐

◄ indiquer le nombre de cases marquées d'une croix ►

---

véhicule **B**

6. assuré souscripteur (voir attest. d'assur.)

Nom (majusc.) _____

Prénom _____

Adresse (rue et n°) _____

Localité (et c. postal) _____

N° tél. (de 9 h. à 17 h.) _____

L'Assuré peut-il récupérer la T.V.A. afférente au véhicule?   non ☐   oui ☐

7. véhicule

Marque, type _____

N° d'immatr. (ou du moteur) _____

8. sté d'assurance

N° de contrat _____

Agence (ou bureau ou courtier) _____

N° de carte verte _____
(Pour les étrangers)
Attest. ou carte verte } valable jusqu'au _____

Les dégâts matériels du véhicule sont-ils assurés?   non ☐   oui ☐

9. conducteur (voir permis de conduire)

Nom (majusc.) _____

Prénom _____

Adresse _____

Permis de conduire n° _____

catégorie (A, B, ...) ___ délivré par _____
le _____

permis valable du _____ au _____
(Pour les catégories C, C1, D, E, F et les taxis)

---

10. Indiquer par une flèche (→) le point de choc initial

13. croquis de l'accident

Préciser : 1. le tracé des voies - 2. la direction (par des flèches) des véhicules A, B - 3. leur position au moment du choc - 4. les signaux routiers - 5. le nom des rues (ou routes).

10. Indiquer par une flèche (→ le point de choc initial

11. dégâts apparents

11. dégâts apparents

14. observations _____

15. signature des conducteurs

A   B

14. observations _____

65

Keep fit

Aerobic exercise is very popular with the
French. Many gymnasiums offer courses in
aerobics. Here is an extract from an article in a
magazine for young people. Read it then answer
the questions:

1 Describe the appearance of the participants
   in the aerobics class.
2 Where are they warming up?
3 What are they doing with their fingers?
4 What six types of people make up the group?
5 Where are they waiting for their teacher?
6 How does the music start?
7 What is the main feature of aerobics?
8 What other kinds of music are used apart
   from disco?
9 How does the effect of aerobics on the heart-
   beat differ from that of traditional sessions?
10 How is the effect of the music described?

une guêtre *leg-warmer*
s'échauffer *to warm up*
un enchaînement *sequence of movements*
approfondir *to increase*

Qu'est-ce qu'elle fait?

Here are the first five stages of
an aerobic routine. Match each
one to the appropriate picture:

D 1 Échauffer le corps *excite the body.*
E 2 Et les épaules *shoulder.*
A 3 Et les jambes *leg.*
B 4 Assouplir le cou *neck.*
C 5 Des élongations pour la
     souplesse du corps

FORME
L'aerobic
la gym toniqu

Une heure d'exercices non sto

tights pink leggings

Collants roses, guêtres mauves, justauco
blancs, et cheveux réunis par un ruban assorti. D
jambes qui s'échauffent sur le grand tapis v
comme avant un match ou avant un ballet, o
doigts qui claquent pour chercher le rythme.
décor est planté. La leçon va commencer.
musique. Et en gaieté. Dans le groupe, des homm
des femmes, des jeunes, des moins jeunes, c
ronds, des maigres. Massés dans un coin de la sa
ils attendent la « prof » (un corps à faire rêve
Quelques notes de musique s'élèvent dans l'
Doucement, plus fort. Le groupe bondit soudain
avant, il court, traverse le tapis vert sur toute
longueur et prend sa place. Tout est très rapi
Professeur en tête, les autres derrière ! Et... u
deux, trois... C'est parti.

Technique d'endurance avant tout, l'aerobi
Pendant une heure, on exécute toute une sé
d'exercices, sur une musique soutenue et t
rythmée. Du disco, mais aussi des percussions
parfois de la musique militaire ! Tous les enchaî
ments se font, sans arrêts, « non stop » C'est-à-d
que, pendant une heure, le cœur travaille à 100/1
battements minute. Dans les séances traditio
nelles, avec le temps de pose, le cœur bat irrégu
ièrement. Il doit « reprendre » à chaque nouve
mouvement. Dans l'aerobics, la personne adapte
respiration à son propre rythme. Approfondir
force cardiovasculaire : voilà le premier travail.
musique agit comme une drogue.

Grammaire

The present participle

This is the part of the verb that ends in -*ant*. You have already come across the present participle used as an adjective:

Ce garçon est vraiment amusant *That boy is really amusing*

Je ne trouve pas la télé intéressante *I don't find television interesting*

Note that:

1 the English equivalent of -*ant* is -*ing*
2 just like any other adjective, it agrees with the noun it is describing.

How would you express the following in English?

Un travail fatigant   *tiring work*
Le soleil couchant   *setting sun*
Les feuilles tombantes   *falling leaves*
Le désert vivant   *living desert*
Une poupée parlante   *speaking doll*

Another important use of the present participle is to express the English *by* or *while* doing something:

Je suis tombé en descendant l'escalier *I fell while coming down the stairs*

Nous apprenons en lisant   *We learn by reading*

Notice that the present participle is preceded by *en*.

Follow these easy steps to form the present participle:
Take the *nous* form of the present tense: nous mangeons, nous voyons, nous choisissons
Remove the -*ons*: mange-   voy-   choisiss-
Add -**ant**: mangeant *eating*   voyant *seeing* choisissant *choosing*

All verbs follow this rule except for these three:
(être étant)(avoir ayant)(savoir sachant)

Lequel? *Which one?*

There is actually nothing new about this question word. As you can see, it is a combination of *le* and *quel*. Of course, there are feminine and plural forms as well:

laquelle   lesquels   lesquelles

They are used when there is a choice to make:
Un tube d'aspirines s'il vous plaît. **Lequel**? Le grand ou le petit?
A tube of aspirins, please. Which one? The big one or the small one?

Donnez-moi un kilo de pommes. **Lesquelles**? *Give me a kilo of apples. Which ones?*

Or when you need to be clear about something:
On va au cinéma? **Lequel**?

Vocabulaire

une attestation d'assurance *insurance certificate*
blessé *injured*
se brûler *burn*
le cabinet de consultation *surgery, consulting room*
un cachet *tablet*
un comprimé *tablet*
conseiller *advise, recommend*
le constat *accident report form*
du coton hydrophile *cotton wool*
se couper *cut*
une cuillerée *spoonful*
être enrhumé *have a cold*
faible *weak*
la grippe *'flu*
la fièvre *temperature*
se fouler *sprain*
grave *serious*

la grippe *'flu*
heurter *crash*
une insolation *sunstroke*
le mal de mer *seasickness*
malade *ill*
le médecin *doctor*
un médicament *medicine*
une ordonnance *prescription*
un pansement *bandage*
un permis de conduire *driving licence*
une piqûre *bite*
la priorité *right of way*
radiographier *x-ray*
un rendez-vous *appointment*
un rhume *cold*
sale *dirty*
Au secours! *Help!*
le sirop *linctus*
le sparadrap *sticking plaster*
la toux *cough*

See **Reminders** *page 111 for parts of the body.*

Les cinq malades: réponses

Gilles et Marc ont de la fièvre
Yves et René ont la grippe
Marc et René ont une insolation   *sunstroke*
Fabrice et Gilles ont le mal de mer
Fabrice et Yves sont enrhumés   *cold*

67

Pouvez-vous m'aider?

Aims

1 Getting things repaired and cleaned

2 Getting goods exchanged or your money back

3 Making complaints

4 Saying what had happened

5 Using possessive pronouns

Phrases clef

Je veux raccommoder mon anorak
I want to mend my anorak

Peux-tu me prêter une aiguille et du fil?
Can you lend me a needle and some thread?

Je peux emprunter quelque chose pour réparer mon vélo?
Can I borrow something to mend my bike?

Est-ce que je peux laver mes tee-shirts?
Can I wash my T-shirts?

Y a-t-il une laverie automatique?
Is there a launderette?

Je voudrais faire réparer mes chaussures
I would like my shoes repaired

Pouvez-vous remplacer le talon?
Can you replace the heel?

Pourriez-vous me réparer cet appareil photo?
Could you repair this camera for me?

Le flash ne marche pas *The flash isn't working*

Je voudrais faire nettoyer ce pantalon
I'd like to have these trousers cleaned

Pouvez-vous me nettoyer cette jupe pour ce soir?
Can you clean this skirt for me by this evening?

Ce sera prêt quand? *When will it be ready?*

Ça prendra combien de temps?
How long will it take?

Revenez dans deux jours *Come back in two days*

Ça coûtera combien? *How much will it cost?*

Ma voiture est tombée en panne
My car has broken down

Le moteur marche mal
The engine isn't running properly

Voulez-vous vérifier les freins?
Will you check the brakes?

Avez-vous des pièces de rechange?
Do you have spare parts?

Je ne suis pas satisfait *I am not satisfied*

Je vous ramène ce sac *I'm returning this bag*

Voulez-vous l'échanger pour un autre?
Will you change it for another?

Je vous prie de me rembourser
I am asking for my money back

Dialogues

À la maison

Amanda est chez sa correspondante, Yvette. Elle a quelques petits problèmes avec ses vêtements:

Amanda: – Yvette, mon anorak est déchiré. Veux-tu me prêter une aiguille et du fil pour le raccommoder, s'il te plaît?

Yvette: – Mais oui. Voilà du fil bleu clair et une aiguille.

Amanda: – Et il manque un bouton à mon chemisier.

Yvette: – Tu as le bouton?

Amanda: – Non, malheureusement. Je l'ai perdu.

Yvette: – C'est dommage, mais ça ne fait rien. Je suis certaine que nous avons des boutons blancs dans cette boîte. Voyons. Oh, il y en a plusieurs. Voilà. Celui-ci est presque identique aux tiens. Passe-moi ton chemisier. Je vais te le recoudre.

Amanda: – Merci, Yvette. C'est très gentil.

Yvette: – A propos, demain, on va faire la lessive. Si tu as du linge à laver, je le mettrai dans la machine à laver avec le mien.

Amanda: – Ah bon, merci. J'ai remarqué qu'il y a une laverie automatique tout près.

Yvette: – Oui. On s'en sert quand notre machine à laver est en panne. C'est très pratique, mais assez cher.

Vous avez tout compris?

Corrigez ces phrases. Elles sont toutes fausses:

1 Il manque un bouton à l'anorak d'Amanda.

2 Son chemisier est déchiré.

3 Elle veut emprunter un chemisier.

4 Elle a perdu son anorak.

5 Il n'y a pas de boutons blancs dans la boîte.

6 C'est Amanda qui va recoudre le bouton au chemisier.

7 On va faire la lessive ce soir.

8 La laverie automatique est loin de la maison.

À la cordonnerie

Employé: – Bonjour mademoiselle. Je peux
vous aider?

Touriste: – Je voudrais faire réparer ma
chaussure. C'est le talon. Pouvez-
vous le remplacer?

Employé: – Oui, tout de suite, si vous voulez
attendre.

Touriste: – Ça prendra combien de temps?

Employé: – Cinq minutes au maximum.

Touriste: – Formidable! J'attends. Merci.

Employé: – De rien.

Au magasin de photographie

Touriste: – Bonjour, monsieur. Pouvez-vous
m'aider? C'est mon appareil. Le
flash ne marche pas.

Vendeur: – Laissez-moi y jeter un coup d'œil.
Ah oui. Rien de grave. Voilà.
Essayez-le maintenant.

Touriste: – Tiens! Il marche. Merci beaucoup,
monsieur. Combien est-ce que je
vous dois?

Vendeur: – Rien du tout, mademoiselle.

Touriste: – Vous êtes sûr? Merci mille fois.

Vendeur: – Je vous en prie.

Touriste: – Euh. J'ai besoin d'une pellicule . . .

À la teinturerie

Touriste: – Je voudrais faire nettoyer à sec ce
pantalon s'il vous plaît.

Employée: – Oui, monsieur.

Touriste: – Est-ce que vous faites le stoppage
aussi?

Employée: – Oui, monsieur, mais pour ça il faut
au moins quatre jours.

Touriste: – Ça va. Il y a un petit trou dans ce
blouson. Pouvez-vous le stopper?

Employée: – Pas de problème, monsieur. Votre
nom s'il vous plaît?

Touriste: – Gower. Ça s'écrit G O W E R.

Employée: – Voilà. Prenez ce reçu. Le pantalon
sera prêt demain.

Touriste: – Et ça coûtera combien?

Employée: – Nettoyage – pantalon, 26F, le
stoppage 35F.

Vous avez tout compris?

Explain in English exactly what each tourist's
problem was, how long each service took and the
cost, if it is given.

Au garage

1

Touriste: – Ma voiture est tombée en panne à
huit kilomètres d'ici. J'ai dû faire
de l'auto-stop. On m'a dit que vous
aviez un service de dépannage.

Garagiste: – C'est vrai, monsieur, mais, hélas,
notre dépanneuse est déjà partie, il
y a un quart d'heure. Impossible de
vous aider ce matin. On pourrait
peut-être prendre votre voiture cet
après-midi.

Touriste: – Mince, alors. Je suis très pressé.

Garagiste: – Désolé, monsieur. Nous faisons de
notre mieux, vous savez.

Touriste: – Je m'excuse. Je vais attendre au
café d'en face.

Garagiste: – Euh, monsieur, si vous êtes
vraiment pressé, vous pouvez louer
une voiture.

Touriste: – C'est vrai? Où ça?

Garagiste: – Ici, monsieur.

2

Mécanicien: – Oui, mademoiselle? Qu'est-ce qui ne va pas?

Touriste: – Je ne sais pas exactement. Il y a un bruit bizarre dans le moteur. Pourriez-vous l'examiner pour moi?

Mécanicien: – Certainement, mademoiselle. Pouvez-vous laisser votre voiture et revenir dans une heure?

Touriste: – D'accord.

(Une heure plus tard)

Mécanicien: – Ah vous voilà, mademoiselle. Je regrette de vous dire qu'il y a des problèmes assez graves. Ce n'est pas le moteur, il va bien. Mais les vitesses et l'embrayage sont en mauvais état. Il y a aussi un petit trou dans le radiateur.

Touriste: – Oh quel désastre! Pouvez-vous réparer ca?

Mécanicien: – Oui, bien sûr, mais ça prendra vingt-quatre heures et ça coûtera cher.

Touriste: – Tant pis! Il faut avoir une voiture qui marche.

3

Touriste: – Je voudrais faire réparer ma roue de secours. J'ai crevé et j'ai dû changer la roue.

Garagiste: – Oui, madame. Il y aura une demi-heure d'attente.

Touriste: – C'est bien. J'attendrai. Et est-ce que vous vendez des pièces de rechange?

Garagiste: – Naturellement. Qu'est-ce que vous désirez?

Touriste: – J'ai besoin d'une ampoule pour le phare. C'est pour une Ford Escort, comme vous voyez.

Garagiste: – Voilà madame.

Vous avez tout compris?

Répondez en anglais:

1 What service did the first motorist require?

2 Where was his car?

3 Why couldn't help be given immediately?

4 Why was the motorist particularly distressed?

5 What solution did the garage owner suggest?

6 What did the second tourist say was wrong with her car?

7 What did the mechanic ask her to do?

8 What three parts of her car were found to be faulty?

Et maintenant en français:

9 La troisième automobiliste, qu'est-ce qu'elle avait fait?

10 Qu'est-ce qu'elle a acheté?

Au grand magasin

1

Cliente: – Bonjour, madame. Je vous ramène cette poupée que j'ai achetée hier. Quand j'ai ouvert le paquet pour la montrer à mon amie, j'ai trouvé qu'un bras était cassé. Voulez-vous l'échanger pour une autre?

Vendeuse: – Je suis désolée, mademoiselle. Je vais vous donner une autre poupée, ça va sans dire.

Cliente: – Merci. C'est un cadeau pour ma sœur. Elle serait très déçue de recevoir une poupée cassée.

Vendeuse: – Voici une poupée identique. Celle-ci vous plaît?

Cliente: – Oui, c'est parfait. Merci beaucoup.

Vendeuse: – Il n'y a pas de quoi.

Vous avez tout compris?

Complétez ces phrases:

1 La cliente avait . . . la poupée

2 Elle avait . . . qu'un bras était cassé

3 Elle avait décidé de . . . la poupée au grand magasin

4 Elle allait donner la poupée à . . .

5 Elle a reçu une poupée . . .

2

Client: – Je dois me plaindre. J'ai acheté ce sac la semaine dernière et la lanière est maintenant cassée.

Vendeuse: – Laissez-moi la regarder, monsieur. Oui, on peut la réparer très facilement.

Client: – Non, je ne suis pas satisfait.

Vendeuse: – Dans ce cas, monsieur, je peux vous donner un autre sac.

Client: – Absolument pas! Ces sacs ne valent rien. Je vous prie de me rembourser.

Vendeuse: – Pour ça il faut demander au directeur.

Client: – Volontiers! Où est le directeur?

Vous avez tout compris?

Écrivez *vrai* ou *faux* pour chaque phrase:

1 Le client avait acheté le sac ce matin-là
2 Il voulait faire réparer le sac
3 Il voulait se plaindre
4 Il était très satisfait
5 Il ne voulait pas accepter un autre sac
6 A son avis, les sacs étaient de bonne qualité
7 Il a demandé à être remboursé
8 Il n'a pas voulu parler au directeur

Résumé

TARIF
*** HAUTE QUALITÉ
* Superlux
* Finition Main

Pull	12,20
Pantalon	19,30
Jupe à partir de	18,10
Jupe plissée	24,50
Veste	21,70
Robe simple	23,70
Imperméable	38 F
Manteau	38 F
Costume 3p	45,50
Robe de chambre	29 F
Combinaison ski	33 F
Couverture ordinaire	48,4
Dessus de lit coton	48,4

Peux-tu / Pouvez-vous / Est-ce que je peux emprunter / Tu peux / Je voudrais — me prêter — une aiguille / du fil / quelque chose pour réparer ... / laver des vêtements

Je voudrais / Pouvez-vous me — faire — réparer cet appareil / mes chaussures / mes lunettes / ce pneu / nettoyer ce pantalon / cette robe / stopper ce trou

Mon appareil / Le flash / Le moteur / Ma voiture est tombée en panne — ne marche pas / marche mal

Voulez-vous vérifier — le moteur / les freins / les phares / l'embrayage

Est-ce que vous vendez — des pièces de rechange / des pneus

Je vous — ramène ce sac / prie de l'échanger / prie de me rembourser

72

Activités

Deux à deux (1)   Faites des dialogues

See page 75

A

1. You want to have an anorak cleaned. You need to know how much it will cost and when it will be ready. You also want to find out if there is a launderette nearby. Your partner is the assistant in the dry-cleaner's.

2. You are the assistant in a photographic shop. Your partner asks you to repair his/her camera. Tell the customer that he/she speaks French well, ask if he/she is on holiday. You need to have a look at the camera. Say you can repair it and ask the customer to come back in two days.

Jeu-test: choisissez votre métier

This test is designed to suggest a possible career suited to your character. Write down these headings:

Certainement

Un peu

Pas du tout

For each of the character descriptions, put a tick beside the heading which is most true for you:

1. J'aime les problèmes de maths. Je suis fort en calcul.
2. J'aime faire des expériences. Je voudrais découvrir ou inventer des choses nouvelles.
3. J'aime réparer les machines. Je comprends comment marchent les machines.
4. J'aime et je comprends la musique. Je chante ou je joue d'un instrument.
5. Je suis patient avec les autres. J'aime expliquer.
6. J'aime aider et soigner les autres.
7. J'aime créer de belles choses. Je suis fort en dessin.
8. J'aime lire et écrire. J'écris ce que je pense avec facilité.

Si vous avez marqué beaucoup de **un peu** il vous faut décider, choisir et travailler.

Si vous n'avez aucun **certainement**, vous êtes, peut-être, trop modeste.

Pour les **certainements**, voilà ce que vous pourriez être:

1. mathématicien statisticien économiste employé de banque caissier
2. chimiste physicien médecin ingénieur
3. mécanicien technicien ingénieur
4. musicien compositeur
5. professeur
6. infirmier médecin   hôtesse de l'air
7. peintre architecte décorateur coiffeur
8. journaliste écrivain bibliothécaire

73

Je ne comprends pas

If you were staying in France, you would obviously hear and read a great deal that you could not understand. If you knew how to ask for help, you would quickly overcome many difficulties.

Here are some phrases that you could use:

Je suis anglais(e)/irlandais(e) etc.
I am English/Irish etc.

Excusez-moi/Je m'excuse *I'm sorry*

Je ne parle pas français *I don't speak French*

Je ne comprends pas *I don't understand*

Voulez-vous répéter, s'il vous plaît?
Will you repeat that please?

Parlez plus lentement, s.v.p.
Speak more slowly, please

J'apprends le français depuis quatre ans
I've been learning French for four years

Qu'est-ce que ça veut dire? *What does that mean?*

Comment dit-on en français '......'
How do you say '......' in French?

Je ne parle pas couramment
I don't speak fluently

Pouvez-vous m'expliquer?
Can you explain to me?

Voulez-vous traduire? *Will you translate?*

Voulez-vous l'épeler? *Will you spell it?*

Of course, if you were speaking to a friend of your own age, you would use the phrases in the *tu* form:

Excuse-moi   Veux-tu répéter etc.

Now complete these dialogues with appropriate phrases from the list:

1 – Évidemment, vous n'êtes pas français
  – Non ...
  – Mais vous parlez bien la langue
  – Oh non ...
  – Vous l'apprenez depuis longtemps?
  – ...

2 – Tu as un problème?
  – Oui. Je veux réparer mon pullover .....
    needle and thread?
  – Une aiguille et du fil
  – Comment? ..... s'il vous plaît?
  – Une aiguille et du fil

3 – Ce matin je dois aller au pressing
  – Pressing ...?
  – C'est là où on fait nettoyer les vêtements
  – Je ne ...   Veux-tu ...
  – Bien sûr. On va au pressing quand on a des vêtements sales et on ne peut pas les laver

More than one phrase is possible in some of the gaps. Check if you have made the same choice as your partner and discuss any differences. Practise the completed dialogues with your partner.

Imagine you have a French visitor to your home who speaks no English. Your visitor asks your help in understanding what your parents are saying. Try to answer the visitor's questions. Take turns with your partner to play each part:

Qu'est-ce que ça veut dire *toothbrush*?

Ah bon. Voulez-vous épeler *toothbrush*?

Comment dit-on en anglais: 'prendre un bain'?

Voulez-vous expliquer à votre mère que je n'ai pas faim et que je voudrais me coucher?

Voulez-vous traduire ce qu'elle a dit?

Suivez la piste! *Solution, p. 77*

Commencez en haut à gauche puis continuez dans n'importe quelle direction pour trouver une phrase qui vous sera très utile, surtout si vous allez souvent à pied:

POU	PA	RE	MAIN
RER	VEZ	VOUS	DE
CES	CHAUS	SURES	POUR

Deux à deux (1)   Faites des dialogues

See page 73

B

1. You are the assistant in a dry-cleaner's. Your partner is a customer.
   The cost of cleaning an anorak is 30F. It takes 24 hours. There is no launderette nearby.

2. You are on holiday with your parents. Your camera isn't working properly and you try to get it repaired. You also need two colour films. Your partner is the assistant in the photographic shop.

Ma mère ou ma voiture?

This text contains two separate descriptions, one of my mother and one of my car. Working with your partner, sort them out and write them so that they make sense:

Ma mère est extra! Elle est petite et blanche et elle va très vite. Elle aime la musique classique, les films d'amour et la cuisine. Malheureusement, de temps en temps, elle tombe en panne, mais ce n'est jamais grave.

Elle prépare souvent de grands repas magnifiques. J'ai un ami qui fait des réparations très vite, et ça ne coûte pas cher.

J'adore ma voiture de sport. Elle a de courts cheveux blonds. Elle a cinq vitesses et un moteur très puissant. Elle est aussi très forte en tennis. Je la lave régulièrement tous les dimanches. On s'entend bien.

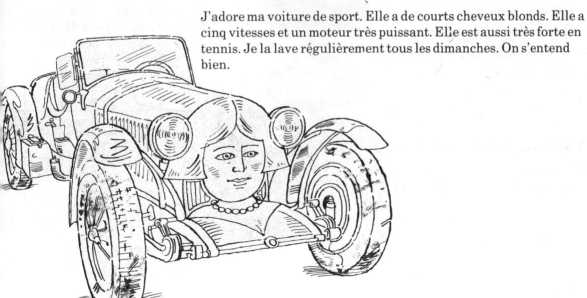

Exercices

Choisissez

Which of the three utterances is mostly likely to produce the response on the right? Write down the correct sentence with its response:

1 a) J'ai perdu un bouton de ma chemise
   b) J'ai trouvé mille francs
   c) J'ai fait nettoyer mon pantalon

Quel dommage! ⓐ

2 a) Ma voiture marche bien
   b) Mes chaussures sont sales
   c) Mon veston est noir

Tant pis! ⓑ

3 a) Merci beaucoup, monsieur
   b) Pouvez-vous m'aider, monsieur?
   c) Je fais de mon mieux, monsieur

Je vous en prie ⓐ

4 a) C'est trop cher
   b) Mon vélo est cassé
   c) Voilà un cadeau pour toi

Mince, alors!

5 a) Ça coûtera cent francs
   b) Ça ne me plaît pas
   c) Ça ne fait rien

Tiens! ⓑ

6 a) On se rencontre à quelle heure?
   b) On se rencontre à dix heures?
   c) On se rencontre où?

D'accord ⓑ

Yours or mine?   *See* Grammaire, *p. 80*

Reverse the meaning of these sentences:
Example: Ma valise est plus grande que la tienne.
   Ta valise est plus grande que la mienne.

1 Mon livre est plus intéressant que le tien. le mien
2 J'aime mieux ses chaussures que les tiennes.
3 Vos profs sont moins sévères que les nôtres.
4 Leur voiture va moins vite que la vôtre.
5 Leurs vêtements sont plus démodés que les nôtres.

En français, s'il vous plaît

Find the French for the following words and expressions. Read the dialogues again if you need to.

a few small problems
will you lend me . . . ?
to mend
a button   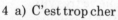 button.
to borrow
to replace
at most   au plus
at least
a little hole
hitch-hiking
a quarter of an hour ago il ya ¼
I'm in a hurry
to hire a car louer une vol
I don't know exactly
in bad condition
half an hour's wait

Mots cachés

Commencez n'importe où, allez dans n'importe quelle direction en ligne droite, pour trouver neuf mots en relation avec les vêtements, et leurs problèmes:

N	O	L	A	T	N	A	P
A	E	S	I	M	E	H	C
B	O	T	T	E	P	B	H
V	E	S	T	E	U	I	E
F	K	E	E	O	J	D	E
L	R	J	G	A	Y	N	B
P	A	I	R	E	C	E	Q
M	R	E	P	A	R	E	R

Voilà les mots que vous cherche

botte   chemise   jupe
nettoyer   paire   pantalon
prêt   réparer   veste

Elle m'a dit que . . .   *See* Grammaire, *p. 80*

Look at these two sentences in English:

She said, 'I have phoned my mother'.

She told me she had phoned her mother.

Now in French:

Elle a dit: J'ai téléphoné à ma mère.

Elle m'a dit qu'elle avait téléphoné à sa mère.

Notice the changes in the verb. Now complete these; there is a little more for you to add with each successive sentence:

1 Elle a dit: J'ai acheté des timbres.
  Elle m'a dit qu'elle *avait acheté*

2 Il a dit: J'ai envoyé une lettre à mon frère.
  Il m'a dit qu'...

3 Mon ami a dit: J'ai fait réparer mon appareil.
  Mon ami m'a dit .?.

4 Amanda a dit: J'ai déchiré ma robe.
  Amanda ..*m'a dit qu'elle avait déchiré*

5 Jean-Pierre a dit: J'ai mis tes lettres à la poste. *put*
  . . . . . .

The next five sentences have verbs which take *être*:

e.g. Elle a dit: Je suis arrivée à 5h.
  Elle m'a dit qu'elle était arrivée à 5h.

6 Elle a dit: Je suis tombée en panne.
  Elle m'a dit qu'elle *était tombée.*

7 Il a dit: Je suis allé au cinéma.
  Il m'a dit qu'*il était allé au*

8 Elles ont dit: Nous sommes parties à 10h.
  Elles m'ont *dit qu'elles étaient parties 10*

9 Mon ami a dit: Je suis monté à cheval.
  Mon ami *a dit qu'il était monté*

10 Francine a dit: Je suis rentrée vers midi.
  . . . . . .

Suivez la piste!: solution

Pouvez-vous réparer ces chaussures pour demain?

Entendu

Je peux vous aider?

Listen to these eight short dialogues. After each one, answer the following questions:

What service is requested?
Is the service available?
If not, why not?
If it is available, when will the article be ready?

Des automobilistes ont des problèmes

Five motorists need repairs to their cars. Listen to what they say and identify their problems. From this list, write down the part of the car which needs attention, in each case:

battery   4
clutch
engine
brakes 1
headlights   3
gears
tyre   5
windscreen   2

Consult the *Vocabulaire* at the end of this unit to help you.

Jeu de définitions: les métiers

Listen to these nine people describing their occupations, then identify their jobs from this list:

receptionist   6
customs officer   1
magician
air hostess   7
electrical engineer   6
bus driver   2
fireman   3
railway employee   8
guitar player   9

Homework

Lecture

These telephone numbers are printed in a local newspaper. They are services to cover just about every kind of emergency.

1 Which number would you call if:
   a) your house caught fire? *18*
   b) you found an injured dog? *34.67*
   c) you had a burst pipe? *22.22.22*
   d) your car broke down? *30 50 60*

2 Which four services are specifically stated to be available day and night?
   Elect. Gaz. Cen Taxis. Auto Deppanage.

POLICE-SECOURS N° 17
SAPEURS-POMPIERS N° 18
S.A.M.U. N° 33.33.33
CENTRE ANTIPOISONS N° 37.37.37
ELECTRICITE (dépannage jour et nuit) N° 20.60.20
GAZ (dépannage jour et nuit) N° 32.49.32
PLOMBERIE (dépannage) N° 22.22.22
SERRURERIE - DEGATS D'EAU N° 44.21.67
AUTO (dépannage jour et nuit) N° 30.50.60
CENTRALE DES TAXIS (24 h sur 24) N° 36.13.13 et 36.13.11
RADIOS-TAXIS REUNIS N° 78.05.65
S.P.A. REFUGE DES ANIMAUX N° 34.67.67

... A STRASBOURG

Faites des économies

These coupons in a magazine for girls offer several worthwhile reductions:

1 What can you buy at a 10 per cent reduction at the Papeterie in boulevard St-Germain?
2 What exactly can you have done to your hair at a cut price?
3 What reductions can you get on cosmetics and at what shop?
4 What is offered free at Club Chanez?
5 What facilities would your subscription to Club Chanez allow you to enjoy?

ATOUT PRIX

10% de réduction sur des achats de produits de beauté

à la boutique Body Shop, 11, rue d'Assas, 75006 Paris. Offre valable jusqu'au 30 novembre 1982 sur présentation de ce coupon.

ATOUT PRIX

10% de réduction sur un cartable d'une valeur de 98 F

Offre valable jusqu'au 31 octobre 1982 à la Papeterie, 203 bis, bd St-Germain, 75006 Paris sur présentation de ce coupon.

ATOUT PRIX

Vos deux premières leçons d'aerobics gratuites et

20% de réduction sur tout abonnement au Club Chanez

(2 960 F par an pour l'accès libre à la gym, danse moderne et danse classique, yoga et à la piscine) 7, rue Chanez, 75016 Paris. Offre valable jusqu'au 31 octobre 1982 sur présentation de ce coupon.

ATOUT PRIX

10% sur une coupe shampoing brushing

au salon Gomina, 6, rue Sainte 13001 Marseille. Offre valable jusqu'au 31 octobre 1982 sur présentation de ce coupon.

ATOUT PRIX

10% de réduction sur le sac besace Talence d'une valeur de 225 F.

Offre valable jusqu'au 31 octobre 1982 à la boutique Talence au Forum des Halles et par correspondance en envoyant ce coupon.

..ouer une voiture

his is publicity for an international car-hire
ompany. The title claims that a simple phone-
all can book a car anywhere in the world. Can
ou understand the rest of it? Read it carefully
hen answer the questions:

1 How many airport offices does the company
   have?
2 What does one have to do to reserve a car
   anywhere in the world?
3 What does the booking agent use to increase
   his efficiency?
4 What can the agent tell you after just a few
   seconds?
5 What is guaranteed?
6 List the five items of information required from
   the customer.

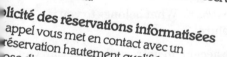

Un simple appel téléphonique pour réserver une voiture n'importe où dans le monde.

..tz a plus de 4.300 stations dans 119 pays. 1.400
elles se trouvent aux aéroports.
. réserver une voiture dans n'importe quelle station
. monde, un coup de fil au Centre de Réservations
plus proche suffit.

..licité des réservations informatisées
appel vous met en contact avec un
réservation hautement qualifié.
.ose d'un terminal vidéo relié à un

ordinateur Hertz extrêmement sophistiqué qui lui permet de
rentrer en mémoire les éléments de votre réservation avec le
maximum de rapidité et d'efficacité.
   En quelques secondes, il peut vous indiquer le type de
voiture qui est disponible à la station Hertz. Il vous garantira
automatiquement les tarifs les plus économi-
ques qui conviennent à vos besoins.

**Tout ce dont nous avons besoin de
savoir**
   1. Le nom de la personne qui loue la
voiture.
   2. Le lieu de prise du véhicule et le
numéro du vol d'arrivée, le cas échéant.
   3. Le jour et l'heure auxquels la voiture
sera prise et pour combien de temps.
   4. La catégorie de voiture désirée.
   5. Le lieu où la voiture sera rendue.

Grammaire

The pluperfect tense

This tense is used to express the English *had done* something.

J'avais déjà fait ma valise
I had already packed my case

Elle m'a dit qu'elle avait perdu sa montre
She told me (that) she had lost her watch

Nous étions arrivés trop tard
We had arrived too late

It is not necessary for you to use the pluperfect when you are speaking or writing, but since you may encounter it when listening or reading, it is important that you recognise it. As you see from the examples, the pluperfect is a combination of two tenses that you already know, namely, the imperfect and the perfect. The past participle is retained, but the *avoir* or *être* part goes into the imperfect tense:

J'ai entendu *I heard*
J'**avais** entendu *I had heard*
Tu as eu *You have had*
Tu **avais** eu *You had had*
Elle est rentrée *She came back*
Elle **était** rentrée *She had come back*
Ils sont descendus *They came down*
Ils **étaient** descendus *They had come down*

Possessive pronouns

As with the pluperfect tense, you need to be able to recognise possessive pronouns rather than to use them.

The possesive pronouns are:

m le mien *mine*   le/la nôtre *ours*
f la mienne   les nôtres
m les miens *plur*
f les miennes *plur.*

le tien *yours*   le/la vôtre *yours (someone you*
la tienne   les vôtres   *would refer t*
les tiens   *in the* tu *or*
les tiennes   vous *form)*

le sien *his, hers*   le/la leur *theirs*
la sienne   les leurs
les siens
les siennes

Remember that pronouns are used to replace nouns that have already been mentioned. Therefore, the pronoun must be the same gender and number as the noun it replaces:

Le mien *mine*; the object that is 'mine' is masculine singular.

Les tiennes *yours*; What belongs to you is feminine plural.

Notice the accent on nôtre and vôtre. Can you think why this is necessary?

Look at these examples of the use of possessive pronouns:

Mon chien est plus intelligent que le ~~tien~~ *vôtre*
My dog is more intelligent than yours

À votre santé! À la vôtre!
Your health! And yours!

Tes notes sont bonnes. Les miennes sont mauvaises *Your marks are good. Mine are bad*

Vocabulaire

une aiguille *needle*
un bruit *noise*
cassé *broken*
coudre *sew*
crevé *punctured*
déchiré *torn*
déçu *disappointed*
une dépanneuse *breakdown lorry*
emprunter *borrow*
faire de l'autostop *hitch-hike*
faire nettoyer
have something dry-cleaned
faire réparer *have something repaired*
du fil *thread*
une lanière *strap*
laver *wash*
une laverie automatique *launderette*
la lessive *washing*
nettoyer à sec *dry-clean*
une pièce de rechange *spare part*
se plaindre *complain*
le pressing *dry-cleaners*

prêt *ready*
prêter *lend*
raccommoder *mend*
un reçu *receipt*
rembourser *refund*
un service de dépannage
breakdown service
le stoppage *invisible mending*
un talon *heel*
la teinturerie *dry-cleaners*
tomber en panne *break down*
un trou *hole*
Je regrette
Je suis désolé } *I'm sorry*
De rien
Je vous en prie
Il n'y a pas de quoi } *Don't mention it*

La voiture

l'ampoule *light bulb*
la batterie *battery*
l'embrayage *clutch*
les freins *brakes*
le moteur *engine*
le pare-brise *windscreen*
le phare *headlight*
le pneu *tyre*
le radiateur *radiator*
la roue de secours *spare wheel*
les vitesses *gears*

Points de vue

Aims

1 Saying what you think about different subjects and asking other people their opinions

2 Agreeing or disagreeing with what other people say

3 Giving reasons for your opinions

4 Recognising the past historic tense

Phrases clef

Qu'est-ce que tu penses de ...?
What do you think of ...?

Est-ce que tu penses que ...
Do you think that ...?

Je pense que ... *I think that ...*

Je trouve que ... *I find that ...*

À mon avis ... *In my opinion ...*

(Je suis) d'accord *I agree*

Je ne suis pas d'accord *I don't agree*

Je ne sais pas *I don't know*

C'est vrai *That's right*

Ce n'est pas vrai *That's not true*

Pas du tout *Not at all*

Ça m'est égal *I don't care*

Je veux bien, mais ... *All right, but ...*

Moi, je préfère ... *I prefer ...*

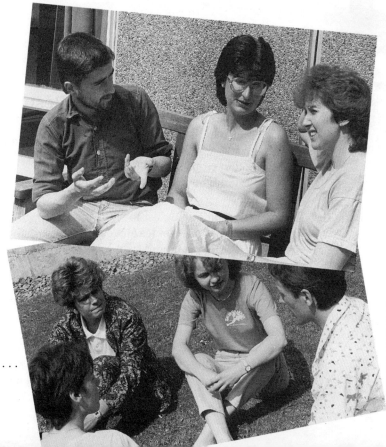

Dialogues

Que pensez-vous de votre collège, ou de la pollution, du football, des Français même? À n'importe quel moment, vos copains peuvent vous demander votre avis sur n'importe quel sujet. Est-ce que vous sauriez leur répondre?

Des jeunes gens parlent:

Marc: – Moi, je trouve qu'au collège, il n'y a pas assez de sport; deux heures par semaine, c'est pas assez.

– Mais si, c'est déjà trop. *already too much* Je pense que le sport n'est pas nécessaire au collège, on devrait le supprimer. *abolish.*

– C'est vrai, il y a déjà trop de *true* matières à couvrir. Ce qu'il faut c'est plus de spécialisation.

– Pas du tout, il faut étudier le plus *No fat all* grand nombre de matières possible. Pour ça, il faudrait peut-être avoir plus d'heures de cours. *of lessons.*

– Mais non, je ne suis pas d'accord. Il y a déjà trop de cours, et les *short* vacances sont trop courtes. Il *necessary* faudrait étudier moins pour mieux travailler. *work* *better*

Fabienne: – Ce qui ne me plaît pas, c'est le rapport entre les profs et les élèves. Je trouve que les profs sont trop sévères, ils ne s'intéressent pas vraiment aux élèves, ils ne les connaissent même pas quelquefois.

Robert: – Ça, ce n'est pas vrai. En général, les profs sont très sympas. Il y en a même qui sont extra. Je trouve qu'il y a une très bonne ambiance dans mon collège.

Chantal: – Pas dans le mien. La discipline est trop stricte, et je trouve que les élèves ne respectent pas les profs. Je voudrais bien qu'on nous traite comme de véritables personnes. *like. genuine people.*

Vous avez tout compris?

Copy out the following list and note down who is for and against each idea:

	Pour	Contre
Les professeurs sont bons	Rob	Fab, Chan
Il y a trop de sport	Fab	Rob, Chan / Marc
Les vacances sont trop courtes		
La discipline est trop stricte	Chan	Fab
Il y a une bonne ambiance		
Il y a trop d'heures de cours dans la journée		
On étudie trop de matières		
Il y a trop d'élèves		

Résumé

Qu'est-ce que tu penses	de ta ville?
what do you think	du collège?
	des Français?

Je pense qu'	on s'ennuie
Je trouve qu'	il est trop grand
À mon avis *in my opinion*	ils sont gentils
Pour moi	

Je suis	d'accord
Je ne suis pas	

C'est	vrai
Ce n'est pas	

Je ne sais pas
Ça m'est égal
I don't care

Activités

Au collège

Look at the eight statements in the list on p. 82. What do *you* think about them? Make a few notes showing your own reaction to each one. Then state your opinion to your partner – and wait for the reaction.

Example:

1 Les professeurs sont bons: Je suis d'accord. Je pense que presque tous les professeurs sont sympathiques. Quelques uns sont un peu sévères mais, en général, ils sont gentils.

2 Il y a trop de sport: Non, je ne suis pas d'accord. Pour moi, deux heures de sport par semaine, ça va.

Deux à deux (1)   Les loisirs *See page 84*

A

Using the information given about Luc, answer your partner's questions about Luc's opinions on these subjects.

Luc

Le sport:	pas très intéressant
La lecture:	passionnant
La T.V.:	quelques émissions intéressantes, surtout les documentaires
La promenade:	bon exercice, aide à réfléchir; plus intéressant avec un copain

Ask your partner some questions about Catherine's opinions on the same subjects.

Amusez-vous

Les descriptions en code

Voici les descriptions de plusieurs personnes – en code. Chaque code n'est utilisé que pour deux phrases:

1 JM B MFT ZFVY CMFVT

2 FMMF QPSUF EFT MVOFUUFT

3 DKKD DRS ZRRDY FQZMCD

4 HK Z KDR BGDUDTW AQTMR

5 9.12/1.21.18.1/21.14/16.1.18.1.16.12.21.9.5

6 5.12.12.5/16.15.18.20.5.18.1/21.14/10.15.21.18.14.1.12

Solution, p. 84   **83**

Deux à deux (1)   Les loisirs *See page 83*

B

Here are Catherine's opinions on certain
subjects. First, ask your partner some questions
about Luc's opinions on these subjects, then
answer your partner's questions about
Catherine:

Catherine

Le sport:	extra
La lecture:	ennuyeux, sauf les romans policiers
La TV:	bon pour le sport, les jeux
La promenade:	trop long, perte de temps; préfère l'athlétisme ou le footing

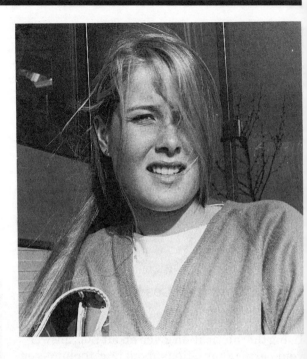

Qu'est-ce que vous en pensez?

Give your opinion on the following subjects
using some of the adjectives in the second list if
you like. Then compare your notes with those of
your partner:

Le français et l'allemand	intéressant, ennuyeux
Le football et le rugby	utile, inutile
Les livres et les bandes dessinées	facile, difficile
Les études et le travail	pratique
Les vacances en Grande-Bretagne et à l'étranger	fatigant
	dur, cher
Le cinéma et la TV.	important
L'histoire et les mathématiques	

Example:
Moi, je pense que le français est plus facile que
l'allemand, mais que l'allemand est peut-être
plus utile. usefull

Les descriptions en code: solutions

1 Il a les yeux bleus
2 Elle porte des lunettes
3 Elle est assez grande
4 Il a les cheveux bruns
5 Il aura un parapluie
6 Elle portera un journal

Le mouton noir: en ville

Dans chaque groupe de mots, il y
en a un qui ne va pas avec les
autres. Le voyez-vous?

1 rue avenue bâtiment boulevard
2 supermarché alimentation épicerie rayon
3 gare SNCF station de métro carnet de billets gare routière
4 arrêt voiture autobus moto
5 brasserie café snack crêpe
6 restaurant hôtel pension auberge de jeunesse

Exercices

Pourquoi? . . . Parce que

Match each statement in the first list with the most likely reason in the second list. Then give your own opinion and reason for each one:

1 Je trouve que mes professeurs sont ennuyeux.
2 A mon avis, on devrait interdire les cigarettes.
3 Je pense que la pollution atmosphérique est intolérable.
4 Je trouve que les études qu'on fait au collège sont inutiles.
5 Pour moi, les animaux domestiques sont ridicules.
6 Je pense que les adultes sont fous.

a) parce qu'ils ont une vie artificielle et cruelle
b) parce que c'est très dangereux
c) parce qu'ils sont tous très vieux
d) parce qu'ils ne pensent qu'à l'argent et à la maison
e) parce que tout ce qu'on y apprend est démodé
f) parce qu'il y a des milliers d'arbres qui meurent chaque année

Qu'en pensez-vous?

Répondez à ces opinions:

Exemple:

Les Anglais sont fous.

– Je ne suis pas d'accord. Quelques Anglais sont fous, mais, en général, ils sont assez sympathiques.

1 Les riches sont bêtes.
2 Les Américains sont riches.
3 Les hommes et les femmes qui font de la politique sont égoïstes.
4 Les professeurs sont intolérants.
5 Les étudiants ont la vie belle.
6 Les ordinateurs sont inutiles.

D'autres expressions à employer:
pas du tout   c'est ça   c'est vrai   quelquefois
tous les . . .   la plupart des . . .   tolérant
gentil   inutile   pauvre   intelligent

Pour ou contre la peine de mort

Some people express their ideas in a rather complicated way. Read carefully the following statements concerning capital punishment and decide, in each case, whether the person making the statement is for or against the death penalty:

1 Je ne suis pas contre l'idée d'abolir la peine de mort dans tous les pays du monde.
2 Je pense que ceux qui pensent que la peine de mort n'est pas acceptable ont tort.
3 Ce n'est pas vrai qu'on devrait être contre la peine de mort.
4 Être pour la peine de mort, c'est penser qu'on peut supprimer le meurtre en assassinant les assassins. Ce n'est pas possible.
5 À mon avis, ceux qui pensent que la peine de mort exerce un effet de dissuasion n'ont pas raison.

The past historic

Read the notes on the past historic tense in the *Grammaire* on p. 91, then try these exercises:

A

These verbs are all in the past historic. Give the English equivalent and the infinitive of each one:

Example:
il alla *he went* aller

1 ils allèrent
2 elle ouvrit
3 elles attendirent
4 il reçut
5 ils voulurent
6 il tint
7 ils devinrent
8 elle mangea
9 il avança
10 il fut
11 il fit
12 ils eurent
13 elle vit
14 il naquit

85

B

Re-write this history of computers as if you were telling it to the class. You will need to change the verbs that are in the past historic tense into the perfect tense.

You will notice that some of the verbs are in the imperfect tense; these do not change. The first verb has been changed already.

A Chinese abacus

L'ordinateur, c'est tout simplement une machine à calculer. Les Chinois et les Romains se servaient d'un 'ordinateur' manuel pour compter: c'était l'abaque. Même aujourd'hui, on voit des abaques dans des magasins chinois.

C'est en 1617 qu'un Écossais, John Napier, **écrivit** (a écrit) des règles pour faciliter les calculs.

Blaise Pascal, un Français, inventa la première machine mécanique. Cette machine ne faisait que des additions et des soustractions mais, en 1671, l'Allemand Leibnitz produisit une machine qui pouvait aussi multiplier et diviser.

L'usage de cartes perforées commença chez M. Jacquard, le célèbre tisseur français. Ce fut un développement important dans l'histoire de l'ordinateur.

La première machine qui pouvait être programmée apparut en 1834. C'est l'Anglais, Charles Babbage, 'le père des ordinateurs' qui introduisit cette machine analytique.

Hollerith

A modern micro-computer

The Hollerith hard punch

Pendant le recensement de la population aux États-Unis en 1890, l'Américain Hollerith eut un grand succès avec ses machines à cartes perforées pour classifier les renseignements. Hollerith fonda une compagnie qui, plus tard, devint la compagnie IBM.

Les ordinateurs électroniques furent développés vers 1940. Ces machines énormes consommaient beaucoup d'énergie.

L'invention du transistor en 1948 donna naissance à la deuxième génération d'ordinateurs. Les transistors remplacèrent les lampes. Les nouveaux ordinateurs étaient plus petits, plus rapides et moins chers.

La troisième génération d'ordinateurs naquit vers 1965, grâce aux micro-processeurs. Nous avons maintenant des micro-ordinateurs, chacun contrôlé par une 'puce', c'est-à-dire, un morceau de silicium de 5 millimètres carrés, l'équivalent de 80 000 transistors.

Que savez-vous de la civilisation française?

Prenez un mot ou groupe de mots de chaque colonne pour composer des phrases complètes:

Jeanne d'Arc	était	la première voiture à vapeur
Napoléon	étaient	président de la France
Charles de Gaulle	arriva	peintre
Clovis	inventa	contre les Anglais
Guillaume le Conquérant	habitaient	roi de France
Cugnot	se battit	en Angleterre en 1066
Les Gaulois		empereur de France
Renoir		le dernier roi de France
Louis-Philippe		la Gaule

Réponses, p. 89

Entendu		Les téléspectateurs

Listen to this conversation on the subject of television programmes, then try these exercises:

1 Using a sentence from the table below, write down a statement about the opinions you have heard expressed.
('Charlot' is an affectionate name for Charlie Chaplin.)

2 Write down what you think of the different types of television programmes.

	pensent que les		
Tous les amis		jeux sont	intéressants
La plupart des amis		films	ridicules
Quelques uns des amis		sports	acceptables
			passionnants
			idiots
			ennuyeux

Examples:

1 Quelques uns des amis pensent que les jeux sont acceptables.

2 Moi, je pense que les jeux sont ridicules. Je trouve les actualités intéressantes.

24 avril
MARDI   **1** tf1   **2** A2   **3** FR3   **24 avril** **MARDI**

21.55 NAISSANCE D'UNE EXECUTION
Réalisation : Marc Pavaux
Ce soir, répétition et exécution de la IVᵉ symphonie de Robert Schumann par l'Orchestre national de France sous la direction de Wolfgang Sawallisch.

22.25 MARDI CINEMA
Emission proposée et présentée par Pierre Tchernia et Jacques Rouland ; avec la collaboration de Jean-Claude Romer et Pierre Louis.
LES JEUX
L'équipe masculine, composée de Jean-Pierre Aumont, Michel Piccoli et Lambert Wilson, affronte l'équipe féminine composée de Valérie Mairesse, Gabrielle Lazure et Stéphane Audran.

12.00 Magazines régionaux
Languedoc-Roussillon : La vie à plein temps.
Bordeaux : Aquitaine 12-13 et Thalassa - Toulouse : la vie à plein temps. 14.05 Lorraine : Magazine Antiope. Champagne-Ardenne : Magazine télétexte.

17.00 Décrochages régionaux
Voir le détail des émissions de votre région pages L-LI

19.25 Magazines régionaux
Alsace : 19.25 : Agriculture Centre : Ain

Et comme dessert?

Four young people are discussing their favourite desserts. Copy out this list and indicate how many of the speakers like and dislike each dessert.

	adore/aime	déteste/n'aime pas
glaces		
fruits		
yaourt		
salade de fruits		
tarte aux fruits		
gâteau		

L'éducation: privilège ou perte de temps?

Listen to this extract from a radio programme called 'Round Table' in which some young people are talking about education. From the following list, identify the opinions that you have heard. Take care. There are some opinions in the list that you will not hear expressed.

Education is important for everybody.

Education has changed a great deal.

Education is a waste of time.

You have to study a lot to find a job.

What you learn is not always important.

All school subjects are of equal importance.

Education teaches us how to live together.

It is difficult to get a job.

Teachers are not interested in modern methods.

Lecture

De quoi parlent-ils?

Five people make statements about their favourite way of spending their free time. Read each one carefully and identify the pastime from the list below:

1 *J'aime bien ça. Pour moi, il n'y a rien de plus agréable que d'être là-haut, loin des gens, et de monter le plus haut possible.*

2 *Je pense que le sport, ça fait du bien, surtout les sports nautiques. C'est difficile à apprendre, mais une fois qu'on a appris, les jours de vent, on s'amuse bien. Ça va vite d'ailleurs.*

3 *A mon avis, les vacances, c'est pour se reposer. C'est pourquoi je passe des heures couché sur le sable à me bronzer. C'est formidable.*

4 *Ce qu'il y a de plus intéressant à faire quand on est en vacances, c'est de visiter les villes, surtout les villes anciennes, avec des châteaux, des remparts et d'autres monuments.*

5 *Je ne peux pas rester longtemps immobile. Il faut que je me déplace souvent, en voiture, en train, en auto-stop, même. Il faut que je voie des pays ou des paysages différents.*

La plage/le soleil   La planche à voile   Les voyages   La randonnée en montagne   L'histoire

Le coup de foudre

A magazine for young people invited readers' views on *le coup de foudre*, love at first sight.

Here are the views of some of the people who replied.

Read each letter and answer the questions.

1 Does anyone argue that love at first sight does not exist?
2 Who believes that *le coup de foudre* is natural and prevents life from being dull?
3 What does Géraldine say about older people falling in love?
4 Who says that love at first sight can sometimes last a lifetime?
5 What does Sophie say about people who don't believe in *le coup de foudre*?
6 How does Sophie describe the experience of falling in love?
7 Where did Sonia meet the boy she fell in love with?
8 What became of the relationship between Sonia and her boyfriend?
9 What three places where one might fall in love at first sight are mentioned by Laurence and Nathalie?
10 Summarise Tiphaine's letter in English.

Que savez-vous de la civilisation française: réponses

Jeanne d'Arc se battit contre les Anglais

Napoléon était empereur de France

Charles de Gaulle était président de la France

Clovis était roi de France

Guillaume le Conquérant arriva en Angleterre en 1066

Cugnot inventa la première voiture à vapeur

Les Gaulois habitaient la Gaule

Renoir était peintre

Louis-Philippe était le dernier roi de France

❝Géraldine❞
Lyon

Bien sûr, tout le monde n'a pas le coup de foudre. Mais même à cinquante ou soixante ans, ce n'est pas un crime d'avoir un coup de foudre, bien au contraire.

❝Laurence et Nathalie❞
Cusset

Bien sûr, ça existe ! C'est beau de vivre un amour si éphémère mais qui, quelquefois, peut durer toute une vie ; un amour qui naîtra d'un regard dans la rue, au lycée ou dans une boum. Nous ne trouvons pas ça drôle, c'est sérieux (surtout si c'est un vrai coup de foudre) car il faut bien faire la différence entre le coup de foudre à sens unique et celui où il y a échange de regards et de sourires.

❝Sophie❞
Evreux

Le coup de foudre, ça existe ! Il faut vraiment n'avoir pas d'imagination ou pas de goût pour ne pas y croire ! Tu n'as qu'à te promener dans la rue, voir le garçon de tes rêves et, boum ! Le coup de foudre te tombe dessus. J'y crois.

❝Tiphaine❞
Rennes

Ta question m'a fait beaucoup rire. Je ne vois pas pourquoi ça n'existerait pas... On peut rencontrer quelqu'un qui frappe. Méfie-toi quand même, on ne sait jamais.

❝Pascal❞
Monistrol-sur-Loire

C'est très bien d'avoir posé cette question. Le coup de foudre, ça existe et heureusement, sinon la vie serait bien monotone. Le coup de foudre, c'est naturel, normal, alors pourquoi en rire ? Je trouve ça super.

❝Sonia❞
Orléans

Le coup de foudre, ça existe évidemment ! Moi, à la rentrée, j'ai rencontré un garçon dans les couloirs de mon collège et ça a été le coup de foudre pour tous deux ! Depuis, on ne se quitte plus, et c'est bien d'avoir un véritable ami. Le coup de foudre, c'est quelque chose de merveilleux !

Mort au Lucky Strike: un roman à écrire vous-même

Here is a story set in the American West. Read it carefully and make a short summary, in English, of the main events:

Now finish the story. Use some of the following phrases if you wish:

tira sur

tua

tomba par terre

prit par la main

sortit en courant

s'écrièrent

sauta sur son cheval

partit au galop

se marièrent

Résumé: Slim Toubeau, jeune cowboy de l'Ouest américain, travaille au ranch de ses parents. Un jour le bandit Jake Dumal attaque le ranch. Slim et ses parents sont blessés, et le ranch et toutes leurs possessions sont détruits. Slim part aussitôt à la poursuite de Jake. Après bien des aventures il arrive à Durango, où il fait la connaissance de Dolorès, chanteuse au Lucky Strike Saloon – et amie de Jake. Dolorès, amoureuse de Slim, lui dit que Jake sera au saloon vendredi soir...

******

Slim arriva devant la porte du Lucky Strike à onze heures. Dans le bar, il entendit Dolorès chanter d'une voix triste.

Il descendit de son cheval. Il avait un peu peur. Il toucha légèrement son Colt 45, pour se rassurer.

Doucement il avança vers la porte, puis s'arrêta.

≪C'est le moment-ou jamais≫ se dit-il.

D'un coup de pied violent, il ouvrit la porte et fit un dans la salle. Le bruit cessa; Dolorès s'arrêta de cha tout d'un coup. Elle avait l'air effrayé, mais elle était a heureuse de voir Slim. Devant lui Slim vit quatre hom assis autour d'une table, une bouteille de whisky milieu. Il y avait trois copains de Jake et, assurém Jake lui-même, car Slim vit le grand sombrero du ba et ses larges épaules vêtues de noir.

≪Je t'ai enfin trouvé≫, dit Slim d'une voix calme.

Le bandit ne répondit pas. Les trois autres s'écartèren la table, et s'installèrent au pied de l'escalier.

≪Tu as trois secondes pour te défendre≫, continua Sl

L'autre resta assis devant la bouteille de whisky.

≪Un...≫

Jake ne bougea pas.

≪Deux...je ne plaisante pas, Jake≫, dit Slim, la v tremblante.

Un silence total régnait dans la salle.

Les doigts de Slim étaient à deux centimètres de son C

≪Et trois≫

Le bandit ne fit rien. Slim ne savait que faire. Il ne pou pas lui tirer dans le dos. Mais il devait faire quel chose. Soudain il entendit une voix derrière lui:

≪Et qu'est-ce que tu vas faire maintenant, mon p cowboy?≫

C'était la voix menaçante de Jake Dumal.

L'homme assis à la table se retourna en souriant; c'é Jess, un autre copain de Jake. Et Jake lui-même se tena la porte, le pistolet à la main.

Slim regarda Dolorès. Sur son visage on lisait la p Mais elle glissait sa main droite vers sa jambe. Elle a prendre quelque chose?

Jake n'avait qu'une seule pensée: tuer Slim.

Grammaire

The past historic tense

This form of the verb is only used in written French such as newspaper articles and novels. You will probably never need to use it, but you must be able to recognise it and understand its use.

Remember these few facts about the past historic tense:

1 It refers to completed events in the past
2 It conveys exactly the same meaning as the perfect tense
3 It is never used in speech
4 It is never used in informal writing, such as letters to a penfriend

This is how the past historic tense works:

1 For verbs whose infinitive end in -**er**:

j' all**ai**   nous all**âmes**

tu all**as**   vous all**âtes**

il/elle all**a**   ils/elles all**èrent**

2 For most verbs whose infinitive ends in -**ir** or -**re**

je descend**is**   nous descend**îmes**

tu descend**is**   vous descend**îtes**

il/elle descend**it**   ils/elles descend**irent**

3 For many irregular verbs:

je cour**us**   nous cour**ûmes**

tu cour**us**   vous cour**ûtes**

il/elle cour**ut**   ils/elles cour**urent**

4 For *venir*, *tenir* and compounds of these verbs, such as *devenir*, *revenir*, *soutenir*:

je v**ins**   nous v**înmes**

tu v**ins**   vous v**întes**

il/elle v**int**   ils/elles v**inrent**

There appears to be a large number of strange new endings, but, in practice, you are likely to encounter only the *il/elle* and the *ils/elles* forms.

Familiarise yourself with these eight endings so that you will have no problems when you meet them whilst reading:

-a   -èrent

-it   -irent

-ut   -urent

-int   -inrent

In most cases, you will easily recognise which verb is being used, but, as usual, some of the common irregular verbs need to be memorised:

avoir:	il eut *he had*	ils eurent *they had*
être:	il fut *he was*	ils furent *they were*
faire:	il fit *he did*	ils firent *they did*
voir:	il vit *he saw*	ils virent *they saw*
naître:	il naquit *he was born*	ils naquirent *they were born*

Vocabulaire

d'ailleurs *besides*
avis *opinion, notice*
bête *stupid*
contre *against*
un cours *a lesson*
croire *to believe*
déjà *already*
égoïste *selfish*
les études *studies*
étudier *to study*
fou *mad*
une matière *a school subject*
même *even*
n'importe quel *whatever, any*
par semaine *per week*
passionnant *fascinating*
une perte de temps *a waste of time*
penser *to think*
la plupart *most, the majority*
pour *for, in favour of*
se servir de *to use*
trop *too*
véritable *real*

Pratique 1

Aims

**Revising and practising the skills
of speaking, listening, reading and writing
at a basic level**

Parlez

Vous êtes en France

With your partner, work out what you would say in each of these situations. Practise the completed dialogues, taking turns to play the role of the native French speaker. Insert *monsieur* or *mademoiselle*, as appropriate:

1 Whilst on a school visit to France, your group visits a school where you try to get to know the students. You start talking to a boy:
   a) Ask his name and age
      Je m'appelle Alain. J'ai seize ans
   b) Ask if he likes school *est ce que vous*
      Oui, ce n'est pas mal
   c) Ask if he speaks English
      Non, pas du tout

2 Now answer his questions:
   Est-ce que tu connais bien la France?
   a) Say no, this is your first visit
      Où habites-tu en Grande-Bretagne?
   b) Tell him the name of your town and where it is situated
      Tu es dans quelle classe à l'école?
   c) Say you are in the fifth year *je suis cinquiem*

3 You are in a town:
   a) Stop a passer-by and ask the way to the post office
      Prenez la deuxième rue à gauche et puis la première à droite
   b) Say you don't understand and ask the person to repeat what he said
      Prenez la deuxième rue à gauche et puis la première à droite
   c) Ask if it is far
      Non, pas très loin
   d) Say thank you and goodbye

You are at a railway station:
a) Ask for a return ticket to Paris
Voilà, cent dix francs, s'il vous plaît
b) Ask what time the train arrives at Paris
À vingt heures
c) Ask where the waiting-room is
À côté du buffet

You are at a coach station:
a) Ask if there is a coach to Biarritz
tomorrow
Oui, il y en a deux   *par le car*
b) Ask what time the first coach leaves *(Not depart)*
À huit heures
c) Ask how much it costs to go to Biarritz
Soixante-dix francs, l'aller simple

Whilst on a motoring holiday, you stop at a
service station:
a) Ask the attendant to fill the tank with top-
grade petrol
Voilà!   *c'est le bonne rue pour.*
b) Ask if this is the right road for Dinan
Oui, c'est ça
c) Ask if there is a café near by
Oui, de l'autre côté de la rue

You go to the tourist information office:
a) Ask if they have a plan of the town   *plan de*
Voilà!   *le ville.*
b) Ask for a list of hotels
Voici une liste de tous les hôtels de la ville
c) Ask what time the museum opens
*Le musée est ouvert de dix heures jusqu'à
seize heures*

You go to a hotel:
a) Ask if they have any rooms free
Qu'est-ce que vous voulez comme chambre?
b) Say you would like a room with two beds
*Oui, nous avons une chambre à deux lits
avec douche. Ça vous va?*
c) Ask how much it is per night
Cent cinquante francs
d) Say that will do   *Ca va.*

You arrive at a youth hostel:
a) Say you have reserved a bed and give your
name
Ça s'écrit comment?
b) Spell your name
*Ah oui, deux lits dans le dortoir des
garçons/filles*

c) Say that's right and ask where the
kitchen is
Au fond du couloir

10 You arrive at a campsite:
a) Ask if they have room for a tent
C'est pour combien de nuits?
b) Say you are not sure; two or three nights
Oui, il y a de la place. Vous êtes combien?
c) Say there are three of you   *nous sommes trois,*

11 You go to a café:
a) Ask for a coke and a white coffee
Voilà
b) Ask where the toilets are
Au premier étage
c) Ask how much you have to pay
Treize francs   *Ca fait Combien?*

12 You go to a restaurant:
a) Tell the waiter you will have the 59 franc
menu   *Je: prend le menu à 59F*
Et comme boisson?
b) Ask for mineral water
Très bien
c) Ask if the service charge is included
Oui, c'est compris   *Est ce que le service compris,*

13 You are having dinner at your penfriend's
home:
Encore un peu de viande?
a) Say yes thank you, you are hungry   *j'ai faim*
Tu aimes la cuisine française?
b) Say yes, you like it very much
Tu vas prendre un peu de vin?
c) Say no thank you, you don't like wine

14 You are at a fruit stall in a market:
a) Ask for a kilo of bananas
Voilà, et avec ça?
b) Ask if they have any melons
Ah non, pas aujourd'hui   *je voudrais ca si...*
c) Say that's all and ask how much you owe
Sept francs cinquante, s'il vous plaît

15 You go into a shop to buy presents:
a) Say you are looking for a T-shirt for your
sister
Quelle taille?   *Moyenne.*
b) Say medium size, not too expensive   *pas trop chere*
Nous avons ce tee-shirt en bleu et en blanc
c) Say you'll have the white one

93

16 You go to the post office:
   a) Ask how much it is to send a letter to
      England
      Deux francs dix
   b) Ask for three stamps at 2F10
      Voilà
   c) Ask where the post box is
      La voilà

17 Whilst staying with your penfriend, you are
    feeling unwell:
   a) Ask if you could have some aspirins
      Qu'est-ce qui ne va pas? j'ai mal de tête
   b) Say you have a headache and a sore throat
      Voilà de l'aspirine et un verre d'eau
   c) Say thank you, you are thirsty
      j'ai soif

18 You and your penfriend discuss where to go:
    On va au cinéma? Il y a un western au Rex
   a) Say yes you would like to
      Tu préfères être au balcon ou à l'orchestre?
   b) Say you prefer the balcony and ask what
      time the film starts
      À neuf heures trente
   c) Say that's fine and that you love westerns
      j'adore

19 You have made friends with a French person
    and you make arrangements to meet again:
    Tu veux aller à la piscine demain?
   a) Say yes, with pleasure
      Alors on se retrouve devant la piscine?
   b) Say yes and ask what time
      À deux heures et demie?
   c) Say that's fine, goodbye, see you tomorrow

20 You are chatting to a new French friend:
   a) Ask your friend what he thinks of classical
      music que penses tu
      Je ne l'aime pas tellement. Je préfère la
      musique pop
   b) Say you do too and tell him what your
      favourite group is
      Il y a un concert au club jeudi soir. Tu veux
      y aller?
   c) Say sorry, you are not free on Thursday

Écoutez

Que disent-ils?

Listen to these short extracts from dialogues and
decide what each person is doing. Choose from
the list below.

agreeing	inviting
apologising	refusing
asking an opinion	requesting
complaining	thanking
disagreeing	trying to decide

Salade de fruits

A radio announcer is giving
instructions for making a fruit
salad, but she reads them in the
wrong order. The pictures
illustrate the instructions in the
correct order. Can you tell which
instruction goes with which
picture?

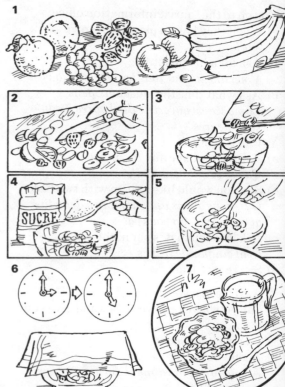

Hyper-achat   Listen to this dialogue between Julie and her mother.

From the following list, identify the categories of goods on offer and list them under the name of the appropriate store. The three stores mentioned are:

LEFÈVRE   RHINO   BON CHEMIN

Milk Products

Produits laitiers: lait, crème, fromage, yaourt

Articles de ménage: brosses, *brush* seaux *buckets*

Électroménager: machine à laver, lave-vaisselle, cuisinière, four, *oven* congélateur

Savonnerie/parfumerie

Sports: équipement, vêtements

Vêtements: homme, femme, enfant, bébé

Articles pour l'école: papeterie, livres, vêtements, cartables

Électronique: jeux, jeux électroniques

Camping/jardin

2 Now look at the shopping list that Julie's mother has made and decide which of the three stores offers the best bargains for them.

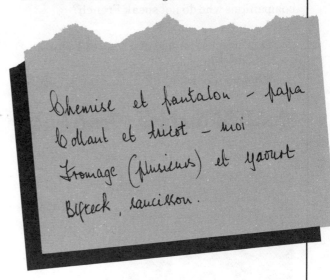

Chemise et pantalon – papa
collant et tricot – moi
Fromage (plusieurs) et yaourt
Bifteck, saucisson.

Interview avec une Anglaise

A French boy is talking to a young English visitor to France. He is finding out what she thinks of her visit so far.

Write down what he asks and what she replies.

Météo

Listen to this weather forecast, for the eastern part of France, then explain to a friend what the weather will be like at the three different times of the day.

Lisez

Accidents de la route

Read this newspaper report of four road accidents in the Strasbourg area, then give the following details of each one:

Name and age of the person injured
Name and age of other people involved
The vehicle or vehicles involved
The time of the accident

● Le rond-point de l'Esplanade a été le théâtre mercredi, vers 8 h 40, d'un accrochage entre une voiture conduite par Mme Paulette Laffineur, 61 ans, domiciliée à Strasbourg, et une jeune cycliste. Celle-ci, blessée, a été transportée au centre de traumatologie d'Illkirch-Graffenstaden. Il s'agit de Christine Rudolf, 16 ans , de Strasbourg.

● Un second accident entre un enfant et un automobiliste, M. Franck Cimbaro, 18 ans, demeurant à Strasbourg, s'est produit vers 11 h 30, rue Déserte. L'écolière, Nurten Turan, 13 ans, résidant à Schiltigheim, a été admise au centre hospitalier de Hautepierre.

● La passagère d'une motocyclette a été légèrement blessée, mercredi vers 16 h 30, rue du Vieux-Marché-aux-Vins. Mlle Marie-Louise Muller, 18 ans, de Strasbourg, devrait consulter son médecin personnel. Le pilote du deux-roues, M. Frédéric Schaeffer, 19 ans, domicilié à Neudorf, avait été heurté par une voiture que conduisait M. Daniel Tardivel, 20 ans, demeurant à Cronenbourg.

● Peu après 18 h, boulevard Clémencéau, deux automobilistes, Mlle Cora Albrecht, 19 ans, résidant à Obenheim, et M. Charles Bochinger, 37 ans, de Griesheim-sur-Souffel, sont entrés en collision. Ce dernier, blessé, a été conduit au CTO.

Départ à la gendarmerie

Le lieutenant Michel F

En ville

Whilst on holiday in France, you drive into a town and decide to walk around. Could you explain the meaning of these signs to your companions who do not speak French?

1 This notice is pinned to a heap of T-shirts outside a shop:
   What does it mean?

   Sale offer — all at 50F

SOLDES Sacrifié -Tout à 50f

2 This notice is outside a cinema:

TOUS LES LUNDIS
Entrée à prix réduit
POUR TOUS

Cinémas Lido 1 et Lido 2

All day Mon · *Entrée Price Reduce for all* · *Lido 1 + 2*

Who can enjoy what benefit and when at the Lido cinema?

3 You see this sign when parking the car:
   At what time of the day is there a charge for parking?
   For how long can you occupy the parking space?
   How much would it cost for a two-hour stay?
   On which days is parking free?

Sun Free parking + bank Hols. · *8–12 +14–19 C+H Limited 2F/2H.*

4 This notice is fixed to the gate of a public park

INTERDIT AUX CHIENS
Même tenus en laisse

No Dogs · *even when on a lead.*

Explain its precise meaning

5 This leaflet is handed to you in the street;
   What does it offer? *1 free Photo*
   Where is the offer available? *Mammouth Hy*

BON
sans obligation d'achat
1 PHOTO-PORTRAIT GRATUITE FORMAT 7 x 10
par famille
du 18 MARS au 14 AVRIL 1983
OFFERT dans votre
Hypermarché mammouth
pour enfants de moins de 6 ans accompagnés de leurs parents
mammouth
CHENOVE   SIREN 697.25.056.1191
I.F.D. MONTLUCON

Théâtre musical de Paris/Théâtre de Paris

You have a friend who is very keen on music, but not so good at French (!). Can you use the pamphlet on the right to answer a few of your friend's questions?

1 What is the price of the cheapest seats in each place? *35F   30 F*

   Is one performance any cheaper? *18h30*

2 What time are the performances at each place on: ① ②
   a) weekdays? *20h30*
   b) Saturdays? *20h30 + 16h30*
   c) Sundays? *16h30 + 20h30*

3 What are the booking arrangements: when and where can you book, and how – by post or in person?
   ① *T.M de P. 15 jours before post.* ② *Post 14J in ad T. de La V.*
   Perso – T de P. 14J

Vous cherchez un appartement

Could you afford to rent a flat in Paris? Maybe not, but this pamphlet at least will give you an idea about prices. Try to find out a bit about:

VOUS CHERCHEZ UN APPARTEMENT

EN LOCATION

TÉLÉPHONEZ AU 261.80.39.

*

CHAMBRES à partir de	
STUDIOS à partir de	600 F
2 PIÈCES à partir de	950 F
3 PIÈCES à partir de	1.300 F
4, 5, 6 PIÈCES à partir de	1.600 F
	2.200 F

PARIS — BANLIEUE

*

DE 9 H à 19 H Tous les [...]

R.C. PARIS B 323 026 038

1 How much the cheapest flat would cost

2 The minimum price for a two-bedroomed flat

3 What you would have to pay for a room

4 What number you need to phone

5 When you can phone

---

re du Châtelet
75001 PARIS
s. : 261.19.83.

THEATRE MUSICAL DE PARIS

CHATELET

Location par
dance au T.M.P.
ation sur place :
avant le concert

Prix des places : 35, 60, 90 F

27 OCT 20 H 30	*B.B. KING BLUES BAND*	
29 OCT 20 H 30	*SONNY ROLLINS QUINTET*	
30 OCT 16 H 30	*ILLINOIS JACQUET ALL STARS* *CLARK TERRY BIG BAND* *avec TOOTS THIELEMANS*	
30 OCT 20 H 30	*CHEIK TIDIANE FALL TRIO* *MAX ROACH M' BOOM RE-PERCUSSION*	
31 OCT 14 H 30	*LIBERATION MUSIC ORCHESTRA* *de C. Haden avec Don Cherry, C. Bley*	
31 OCT 20 H 30	*LIBERATION MUSIC ORCHESTRA*	

En raison des travaux, le THÉATRE DE LA VILLE présente ses programmes d'octobre à décembre au

THEATRE DE LA VILLE

THEATRE DE PARIS

15, rue Blanche
75009 PARIS M°: Trinité
Rens. : 274.22.77.
Location :
par correspondance
et sur place
14 j. avant le concert
au THEATRE DE LA VILLE
2, place du Châtelet
75004 PARIS.
sur place uniquement :
14 j. avant le concert
au THEATRE DE PARIS.

Prix des places à 18 h 30 : 30 F / à 20 h 30 : 45, 55, 70 F

SLICKAPHONICS de M. Helias et R. Anderson	18 H 30	LUN 25 OCT
JAZZ PATCHWORK FRANCO-ALLEMAND (H. TEXIER, A. MANGELSDORFF) CHARLES LLOYD QUARTET/M.PETRUCCIANI	20 H 30	LUN 25 OCT
ALBERTA HUNTER + COOK'S TRIO	18 H 30	MAR 26 OCT
GROUPO ALMA, Le nouveau jazz brésilien de São Paulo MACHITO SALSA	20 H 30	MAR 26 OCT
RICHIE COLE ALTO MADNESS	18 H 30	MER 27 OCT
PAUL BLEY	18 H 30	JEU 28 OCT
ONZTET + UN DE PATRICE CARATINI GROUPO PAU BRASIL, Le nouveau jazz brésilien de São Paulo	20 H 30	JEU 28 OCT
MICHEL PORTAL NEW UNIT AND FRIENDS	18 H 30	VEN 29 OCT

Les spectacles de cet avant-programme sont susceptibles de modification.

Pour vous déplacer en autobus

You are visiting Brest with some friends, who have asked you to find out something about travelling by bus in the area. You know that different people want to do different things. Use this leaflet to explain what sort of ticket or pass is best for these situations:

1 Somebody who will only travel by bus once or twice
2 Somebody who would like a week or so travelling around the whole area by bus
3 Somebody who would like to use the bus a lot in the town of Brest itself
4 Somebody who will be travelling fairly often by bus, but can't be sure yet just how much

In each case, give some idea of:

a) What kind of ticket/pass they will need
b) Where they can buy it
c) How much it will cost
d) Any restrictions

Note: Les correspondants in this context, refers to the shops in the town where one can buy the various types of bus ticket.

Retrouvez-vous

You and your friends are planning a holiday in France. You want an informal but active holiday. This leaflet advertises various activities offered at French Youth Hostels.

Could you answer the queries of your friends?
1 Which is the cheapest sporting holiday?
2 What other sports are offered for less than 1500F?
3 Is there any horse-riding? How much does it cost?
4 Are there any holidays which last for less than a week? What are they?
5 Is there a fishing holiday?
6 What would it cost to go walking in the mountains?

Having answered your friends, which of these holidays would you choose?
You fill in the form at the bottom and tick both of the boxes. What do you expect to receive?

Some of the more difficult words are given below, but try guesswork before resorting to the list.

escalade *horse-riding*
artisanat *rock-climbing*
delta-plane *hang-gliding*

POUR VOUS DEPLACER EN AUTOBUS...
SACHEZ UTILISER LE TITRE DE TRANSPORT LE PLUS ECONOMIQUE !

	Utilisez	PRIX		Où et comment vous procurer ce titre?
		Tarif A valable sur	Tarif B valable sur	
Vous vous déplacez tous les jours	La carte mensuelle	Brest et Bohars **62,00 F**	Tout le réseau **93,00 F**	Carte permanente établie gratuitement à la CTCUB 13, rue de Glasgow. Validable par une vignette mensuelle vendue chez tous les correspondants
Vous vous déplacez tous les jours d'une même semaine	la carte hebdomadaire	**17,50 F**	**26,00 F**	Vendue chez tous les correspondants
Vous vous déplacez occasionnellement Utilisez le carnet de tickets	tarif normal	**20,50 F** le carnet de 10	**18,50 F** le carnet de 6	Vendu chez tous les correspondants
	Ou tarif réduit*	**11,00 F** le carnet de 10	**16,50 F** le carnet de 10	Vendu chez tous les correspondants
Vous vous déplacez, rarement	Le ticket à l'unité	**4,00 F**	**4,50 F**	Vendu à bord du bus par le conducteur

IMPORTANT:
- Les cartes mensuelles permettent d'effectuer autant de déplacements que vous le désirez, sans aucune limitation.
- Tous les tickets donnent droit à une heure de transport, même si vous changez d'autobus.

* *PEUVENT BÉNÉFICIER DU TARIF RÉDUIT : les personnes âgées de 65 à 70 ans - les enfants de 4 à 7 ans - les membres des familles de 3 enfants ou plus possédant la carte de réduction S.N.C.F. Les invalides civils (50 % au moins). Les militaires en tenue.*

Retrouvez-vous

avec les auberges de la jeunesse pour un été tonique !

KAYAK MER
5 j   990 F

SKI D'ETE
7 j   1650 F

TENNIS
7 j   1600 F

ESCALADE
7 j   1610 F

ARTISANAT
6 j   840 F

DELTA-PLANE
7 j   1630 F

TIR A L'ARC
7 j   1210 F

EQUITATION
7 j   1500 F

KARATE
7 j   1310 F

Renseignez-vous

LFAJ
(1) 45.48.69.84

RANDONNEE MONTAGNE
7 j   1550 F

PLANCHE A VOILE
7 j   1300 F

VOILE
7 j 1240 F

GEOLOGIE
7 j   1270 F

La **L.F.A.J.** vous offre plus de **30 Activités** et des **Voyages** qui figurent dans la **brochure été 86.**

La **L.F.A.J.** met à votre disposition plus de **150 auberges** que vous trouverez dans le **guide 1986.**

Demande de documentation à retourner à :

LIGUE FRANÇAISE POUR LES AUBERGES DE LA JEUNESSE
38, Boulevard Raspail - 75007 PARIS
Tél. (1) 45.48.69.84

Nom ....   Prénom ....

Adresse ....

Localité ....   Code postal ....

Désire recevoir gratuitement la brochure Activités été 86 ☐
Le guide 1986 des Auberges de la jeunesse en France ☐

Écrivez

Répondez à une lettre

Here is an extract from a letter from your penfriend.

Write a reply, making sure you answer all your penfriend's questions.

Continuez la lettre

When you have answered the questions, continue the letter giving a few details of the town where you live. Write a suitable ending to the letter.

Les cartes postales

1   Read this postcard from a French friend.

Now write a similar one to your French penfriend containing the following information:

a)   you are at Keswick in the Lake District

b)   the weather is fine but rather cold

c)   you go walking every day

d)   the hotel is small and comfortable

2   Read this postcard from a French friend.

Now write a postcard thanking your French penfriend for the birthday card and present and containing the following information:

a)   you love French sweets

b)   you also received a computer and some pens

c)   you invited some friends to a party at your house and you danced and ate cakes

Yesterday

Hier, j'ai joué au tennis avec des copains. Le tennis, c'est mon sport préféré. Est-ce que tu es déjà allé à Wimbledon? Est-ce que tu aimes le sport? Quel sport fais-tu au collège? Combien d'heures de sport as-tu? Nous avons deux heures par semaine. J'aime aussi regarder le sport à la télé, surtout le dimanche. Il y a du football, du rugby, du cyclisme et beaucoup d'autres sports. Tu regardes souvent la télé? Tu as une émission préférée? C'est quand? Où se trouve le poste de télévision chez toi? Chez nous, il est dans la salle à manger.

Me voici à Grenoble dans les Alpes. Il fait beau et pas du tout froid. Je fais du ski tous les matins. L'hôtel est très grand et confortable. Je m'amuse bien, et toi?
Nathalie.

Merci pour la carte d'anniversaire et le cadeau. J'adore les chocolats anglais. J'ai reçu aussi des disques et des livres. J'ai invité des copains à une soirée chez moi. Nous avons écouté de la musique et mangé des sandwichs.
Je t'écrirais bientôt,
Benoît.

Pratique 2

Aims

**Practising the skills
of speaking, listening, reading and writing
at a higher level**

Parlez

Deux à deux (1)   Pour aller à l'aéroport *See page 103*

A

1 Vous vous trouvez à Aix-en-Provence, à la gare routière. Votre partenaire vous pose des questions sur l'autobus qui va à l'aéroport de Marseille. Répondez-lui à l'aide de l'horaire suivant.

2 Vous vous trouvez à l'aéroport de Marseille, et vous voulez aller à Aix-en-Provence. Votre partenaire a un horaire. Demandez-lui:
   a) l'heure du prochain autobus
   b) l'heure qu'il est maintenant
   c) l'heure du dernier autobus du jour
   d) d'où part l'autobus
   e) s'il faut payer pour le transport des bagages

HORAIRES   15 Octobre
Ligne AIX-EN-PROVENCE - AÉROPORT
Durée du Trajet 25 minutes environ
TOUS LES JOURS Y COMPRIS DIM. ET J. FERIÉS

DEPARTS D'AIX-EN-PROVENCE
Gare Routière - Rue Lapierre - Quai n° 3 - Tél. (42) 27.17.91

5h 50	9h 45	12h 45	15h 45	18h 45
7h 30	10h 30	13h 30	16h 30	19h 30
8h 15	11h 15	14h 15	17h 15	20h 15
9h 00	12h 00	15h 00	18h 00	21h 45 sauf samedi

Un peu de conversation   Mon temps libre

Practise this conversation with your partner.
Take turns to ask and answer the questions.
When it is your turn to answer the questions,
choose your answers from those suggested if any
of them are appropriate.

Qu'est-ce que tu fais le soir?
Je regarde la télévision chez moi
Je fais mes devoirs et puis j'écoute des disques
dans ma chambre
Parfois je sors avec des copains/copines
Je vais chez mon ami/amie pour écouter des
disques
Quelquefois je vais au club des jeunes
De temps en temps, je vais au cinéma
Normalement je me couche vers . . . . . heures

Et le weekend, qu'est-ce que tu fais?
Le samedi, je travaille pour gagner de l'argent
Je vais en ville avec mes copains/copines
Je reste au lit jusqu'à . . . . . heures
Le dimanche, je vais à la piscine avec . . .
Je joue au football/tennis/badminton/snooker
Je fais une promenade à bicyclette
Je ne fais presque rien
Pas grand-chose

Est-ce que tu as un passe-temps?
Je collectionne les timbres/les cartes postales/
les posters/les pièces étrangères ?

Quelle sorte de musique aimes-tu?
J'aime la musique pop/classique/le jazz/le rock
Tu as beaucoup de disques ou de cassettes?
Oui, une cinquantaine
Environ trente
Non, pas beaucoup, cinq ou six

Tu as un groupe préféré?
Oui, j'aime surtout . . .
Non, j'aime beaucoup de groupes
Tu aimes danser/chanter?
Oui, beaucoup/un peu
Non, je n'aime pas ça
Pas du tout
Oui, mais je danse/chante mal

Tu pratiques un sport?
Seulement au collège
Non, mais j'aime regarder le sport à la télé
Oui, je joue au . . . . ./je fais du/de la . . .
Non, je ne suis pas du tout sportif(ve)

Tu es membre d'un club?
Oui, le club de théâtre à l'école
Oui, le club des jeunes

Tu reçois de l'argent de poche?
Oui, mes parents me donnent de l'argent chaque
semaine
Oui, je reçois trois livres par semaine
Non, je travaille pour gagner de l'argent

Qu'est-ce que tu fais avec ton argent?
Je le mets à la banque
J'achète des disques/des illustrés/des vêtements/
des produits de maquillage

Deux à deux (1)   Pour aller à l'aéroport   *See page 101*

B

1 Vous vous trouvez à la gare routière d'Aix-en-Provence, et vous voulez aller à l'aéroport de Marseille. Votre partenaire a un horaire. Demandez-lui:
   a) si les horaires sont les mêmes le dimanche
   b) l'heure du dernier autobus pour arriver à l'aéroport avant une heure
   c) l'heure d'arrivée à l'aéroport
   d) d'où part l'autobus
   e) la fréquence du service, en général

2 Vous vous trouvez à l'aéroport de Marseille. Votre partenaire vous pose des questions sur l'autobus qui va à Aix-en-Provence. Répondez-lui à aide de l'horaire (il est maintenant sept heures du soir):

Roles

Work out with your partner what to say in these situations, then practise the completed dialogues:

1

Partner A:
Your sandal needs repairing. You go to a shoe-repair shop. Find out if it can be done, how much it will cost and how long it will take. Your partner is the shop assistant.

Partner B:
You can repair the strap of the sandal. It will be ready tomorrow and will cost 11F.

2

Partner A:
Whilst visiting Paris, you discover that you have lost your jumper. You return to a café and ask if it has been found. Describe the jumper, say where you were sitting and at what time.

Partner B:
You are a waiter in a café. Your partner is a tourist who inquires about his jumper. Ask for a description of the jumper, where the tourist was sitting and at what time.
Say he/she is lucky and hand over the jumper.

3

Partner A:
You are travelling by train in France. Your partner is a French person sitting in a train. Find out if the next seat is free. Start a conversation about the weather, then find out where he/she is going, where exactly that is and what he/she does for a living. Answer the questions put to you.

Partner B:
You are a French student on a train. The seat next to you is free. You are going to Aix-en-Provence in the south of France, not far from Marseilles. Find out where your partner lives in England and some other details.

103

Écoutez

Attention aux panneaux

Annette Rigolé is a young French girl who lives in Albi in the Tarn area of France. Her father loves driving, but he does not always pay attention to what he sees and hears. Annette talks about four incidents which happened last summer.

1

In each story, you will hear a sign mentioned. Which of these signs is referred to in each story?

2

For each journey, note down:

the time it took place

the destination

the occupants of the car

the 'penalty' paid in time, money or embarrassment, for Annette's father's attitude.

A

B

C

D

Un coup de téléphone

On his return to France after a visit to your home, your penfriend phones you. Listen to what he says, then note down, in English, the following points:

what he says about his journey home

what he has left at your house

where he thinks he has left them

what he wants you to do

Les gens se plaignent

Six people speak about something which they dislike. After listening to each one, identify what they are complaining about from this list:

football hooligans
motorbikes
convenience food
teachers
life in a city
life in the country
unemployment
the government
newspapers
people who smoke
pollution
television

Une visite à Monestiés

Anne-Marie wants to spend an afternoon in Monestiés, a small town of historic interest. Her friend, Jean-Luc, knows the town well. He shows her his plan of the town and recommends a route.

Listen to Jean-Luc's advice, look at the plan and note down the numbers of the places that Annette should visit.

To help you, the nine places to be visited are listed in the box, but not in the correct order.

boulodrome
château de Candèze
mairie
place de la Case
marché couvert
place de la mairie
église St-Pierre
pont de Candèze
place de l'église

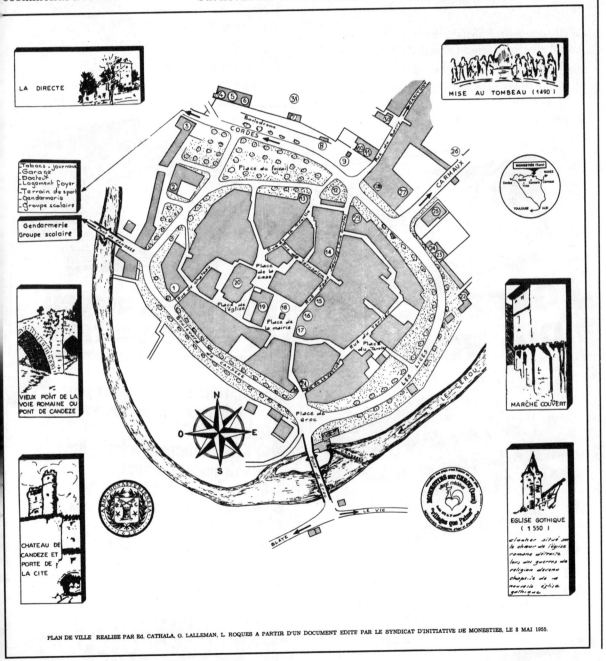

PLAN DE VILLE REALISE PAR Ed. CATHALA, G. LALLEMAN, L. ROQUES A PARTIR D'UN DOCUMENT EDITE PAR LE SYNDICAT D'INITIATIVE DE MONESTIES, LE 8 MAI 1955.

Lisez

À la Gare du Nord

A friend who is travelling to Paris asks you what sort of help he/she can get when he/she arrives at the Gare du Nord. You remember you have a pamphlet explaining something about this; here it is.

Write down, in English, the information you could give your friend about the following:

1 What kind of help is offered there
2 When the centre is open (your friend will be travelling in July)
3 Where exactly he/she should go

Accueil des jeunes en France

You know that the AJF gives help to young people. From this pamphlet, can you work out if help can be given in these situations?

1 Bus travel through to Spain   *Yes*
2 Theatre and show tickets   *YES*
3 Shopping vouchers   *?*
4 Somewhere to sleep   *YES*
5 Air travel   *YES.*
6 Lost property   *NO*
7 Winter weekends   *YES.*
8 Magazine subscriptions   *NO*

GARE DU NORD

A l'intérieur de la gare dans le hall des arrivées
PARIS 10 ☎ 285 86 19

Ⓜ GARE DU NORD

Ouvert du lundi au vendredi de 9h15 à 12h30 et de 13h30 à 18h15. Ouvert tous les jours pendant l'été de 9h à 22h.

ATTENTION! hébergement seulement

AGREM. TOUR. N 79092

AJF

Bureaux d'accueil et d'information

● Centrale de réservation pour l'hébergement des jeunes
● billets BIGE
● lignes internationales de bus
● vols toutes destinations
● week-ends. voyages. circuits
● séjours en France (été-hiver)
● billetterie spectacles
● cartes I.S.I.C. et F.I.Y.T.O.
● informations pratiques

accueil des jeunes en France

Notice from the SNCF

This notice, issued by French Railways, is printed in a local newspaper. It concerns an important change on the Strasbourg line at Lauterbourg. Can you work out how it will affect motorists?

The change concerns:
a) a signal box
b) a level crossing   *YES*
c) a rural station
What two new items will be installed? *Lights + Barriers*

What will be placed on the left and on the right of the road? *Flashing lights*

Three different signals warn the motorist of an approaching train. What are they? *lights, bells*

What is the motorist obliged to do when a red light is flashing? *Stop*

... A STRASBOURG

Les voitures et les jeunes

Read these facts and figures about young drivers in France:

- Près de 75% des Français possèdent une voiture avant l'âge de 25 ans.
- 80% de ces jeunes recherchent des voitures à faible consommation, c'est-à-dire qu'après avoir payé la voiture il ne leur reste guère d'argent pour payer l'essence!
- Les conducteurs de dix-huit ans provoquent quatre fois plus d'accidents que les conducteurs de plus de trente ans.
- Les jeunes aiment aussi la moto, paraît-il: huit motards sur dix ont moins de trente ans. Pas d'égalité des sexes, non plus, puisque plus de 97% des motards sont des hommes.

Using this information, take each of the following sets of figures and expand each set into a sentence in English.

1 18   30+   × 4
2 80%   m.p.g
3 $\frac{8}{10}$ <30   97%
4 25   75%

Jeu-test de l'automobiliste

Do you know whether the following statements are true or false? Check your answers with those on *p. 109.*
Write down a true statement in English about each one that you got wrong.

1 En France, pour avoir 'grillé' un feu rouge, on peut aller en prison. *Vrai ou faux?*   *Vrai*

2 Le propriétaire d'une maison devant laquelle se trouve un panneau comme celui-ci peut garer sa voiture devant sa propre maison. *Vrai ou faux?*

DÉFENSE DE STATIONNER: SORTIE DE VOITURES

3 Si un voleur prend votre voiture, et provoque un accident avant de se sauver, c'est vous qui devez payer les réparations de la voiture accidentée. *Vrai ou faux?*   *Vrai*

4 L'usage des signaux sonores est totalement défendu en France. *Vrai ou faux?*   *Faux*

5 Quand il pleut, la limite de vitesse sur les autoroutes descend de 130 km/h à 110 km/h. *Vrai ou faux?*   *Vrai*

Écrivez

Répondez à une lettre

This is part of a letter from your penfriend whom you are going to visit. Whilst you are reading it, you make some notes about how you will answer the questions. Using these notes, write a letter in reply, making sure all the questions are answered.

Quelle bonne nouvelle! Je suis absolument ravie que tu viennes à Chartres en août. Tu ne m'as pas dit la date exacte. Je te propose le 3 ou le 10 août. C'est à toi de choisir. Comment vas-tu voyager? Où vas-tu arriver et à quelle heure? Je pourrai te retrouver à Paris, mais je dois savoir à quelle gare ou à quel aéroport. De Paris nous prendrions le train jusqu'à Chartres, c'est un voyage assez court. J'ai la photo, bien sûr, mais je te reconnaîtrai plus facilement si tu me décris les vêtements que tu porteras.

Je suis sûre qu'il fera beau temps ici. Je te conseille d'apporter des vêtements légers, tels que des shorts et des tee-shirts, et n'oublie pas ton maillot de bain si tu veux aller à la piscine. Tu aimes nager? Mon frère te prêtera son vélo. Ça te plaît, les promenades à vélo? Qu'est-ce que tu veux voir à Paris? Des monuments, des musées? Les tours en bateau-mouche sont vraiment magnifiques, surtout le soir.

Aug 3rd –
boat : Dover – Calais
train : Calais – Paris St.
Lazare

probably light blue
anorak, red trousers

Yes, but not very good
swimmer.
Yes. Is countryside
nice around Chartres?
All the famous monuments
e.g .....
Not keen on museums.

Une boum

Write a short reply accepting this invitation.

Say you will bring some lemonade and a cake.

Ask what time the party starts and which bus you should get.

> J'organise une « Super Boum » samedi soir.
> *sat Eve*
>
> Mes parents ne seront pas là.
> *my parents*
>
> J'invite quelques copains et copines.
> *I invited some chums + chums*
>
> Veux-tu venir ? Cela me ferait plaisir.
> *do you want to come that will make me happy*
>
>   Sophie

Un message téléphonique

Whilst staying at your penfriend's home, you take a phone-call for your friend who is not in.

Listen to what the caller, Thierry, says, then write a note in French for your friend, giving the main points of the message.

Jeu-test: answers

1 Vrai   2 Faux   3 Vrai   4 Faux   5 Vrai

Reference material

Reminders

Numbers

1 un, une	41 quarante et un
2 deux	42 quarante-deux, etc.
3 trois	50 cinquante
4 quatre	51 cinquante et un
5 cinq	52 cinquante-deux, etc.
6 six	60 soixante
7 sept	61 soixante et un
8 huit	62 soixante-deux, etc.
9 neuf	70 soixante-dix
10 dix	71 soixante et onze
11 onze	72 soixante-douze, etc.
12 douze	77 soixante-dix-sept, etc.
13 treize	80 quatre-vingts
14 quatorze	81 quatre-vingt-un
15 quinze	82 quatre-vingt-deux, etc.
16 seize	90 quatre-vingt-dix, etc.
17 dix-sept	100 cent
18 dix-huit	101 cent un, etc
19 dix-neuf	119 cent dix-neuf, etc.
20 vingt	200 deux cents
21 vingt et un	201 deux cent un
22 vingt-deux, etc.	999 neuf cent quatre-vingt-dix-neuf
30 trente	1000 mille
31 trente et un	2000 deux mille
32 trente-deux, etc.	200 000 deux cent mille
40 quarante	1 000 000 un million

premier, première *first*
deuxième *second*
troisième *third*, etc.

Days

lundi *Monday*	jeudi *Thursday*
mardi *Tuesday*	vendredi *Friday*
mercredi *Wednesday*	samedi *Saturday*
	dimanche *Sunday*

Months

janvier *January*	juillet *July*
février *February*	août *August*
mars *March*	septembre *September*
avril *April*	octobre *October*
mai *May*	novembre *November*
juin *June*	décembre *December*

Always begin days and months with a small letter, except at the beginning of a sentence.

Note: On Saturday Le samedi *or* samedi
Every Thursday Tous les jeudis
In January En janvier *or* au mois de janvi

Dates

Le premier janvier *January 1st*
Le 22 février *February 22nd*
Mercredi 13 juillet *Wednesday July 13th*

Weather

Il } pleut *It's* } raining
neige snowing
gèle freezing

Il fait } beau *It's* } fine
mauvais bad weather
chaud warm, hot
froid cold

Il fait } du soleil *It's* } sunny
Il y a } du vent windy
du brouillard foggy

Le temps *The weather*
Quel temps fait-il? *What's the weather like?*

Seasons

spring	le printemps	In spring	Au printemps
summer	l'été	In summer	En été
autumn	l'automne	In autumn	En automne
winter	l'hiver	In winter	En hiver

Time

est une heure *It is 1 o'clock*
à une heure *At 1 o'clock*
vers une heure *(At) about 1 o'clock*
midi *12 o'clock, noon*
minuit *12 o'clock, midnight*
une heure cinq *1.05*
deux heures dix *2.10*
trois heures et quart *3.15*
quatre heures vingt *4.20*
cinq heures vingt-cinq *5.25*
six heures et demie *6.30*
midi (minuit) et demi *12.30*
sept heures moins vingt-cinq *6.35*
huit heures moins vingt *7.40*
neuf heures moins le quart *8.45*
dix heures moins dix *9.50*
onze heures moins cinq *10.55*

24-hour clock

treize heures *13.00*
quatorze heures quinze *14.15*
quinze heures trente *15.30*
seize heures quarante-cinq *16.45*

Colours

rouge	*red*	gris	*grey*
bleu	*blue*	brun	*brown*
jaune	*yellow*	marron	*brown*
vert	*green*	bleu marine	*navy blue*
rose	*pink*	blanc	*white*
orange	*orange*	noir	*black*

Parts of the body

le corps *body*
la tête *head*
le visage *face*
la gorge *throat*
le cou *neck*
l'épaule *shoulder*

les cheveux *hair*
les yeux *eyes*
le nez *nose*
la bouche *mouth*
les dents *teeth*
l'oreille *ear*
le ventre *stomach*
le genou *knee*
la jambe *leg*
le pied *foot*
la cheville *ankle*

le dos *back*
le bras *arm*
la main *hand*
le doigt *finger*
le pouce *thumb*
le coude *elbow*
le poignet *wrist*

Grammar reference

Nouns

Masculine and feminine

All nouns are either masculine or feminine.
Some nouns which refer to people can be either
masculine or feminine, depending on the sex of
the person:
un enfant, une enfant
un élève, une élève
un professeur, une professeur
un touriste, une touriste

Other nouns which refer to people have a
feminine form similar to the masculine.
For most, simply add an *-e*:
un ami, une amie
un client, une cliente
un employé, une employée

For those ending in *-er*, change the ending to *-ère*:
un boulanger, une boulangère

For those ending in *-n*, change this to *-nne*:
un Parisien, une Parisienne

For most of those ending in *-eur*, change this to
-euse:
un vendeur, une vendeuse

But in a few cases, *-eur* becomes *-rice*:
un directeur, une directrice

One important exception is:
un copain, une copine

Singular and plural

Most nouns are made plural by adding an -s, as in English (which, of course, is not normally, sounded in spoken French):

un garçon, des garçons

There are some exceptions. If the singular form ends in -s, -x or -z, it does not change in the plural:

un repas, des repas
le prix, les prix
le nez, les nez

If the singular form ends in -al, this becomes -aux:

un animal, des animaux

If the singular form ends in -eau, -eu or -ou, an -x is added:

un gâteau, des gâteaux
un jeu, des jeux
un chou, des choux

Note the following important exceptions:

un œil, des yeux
madame, mesdames
monsieur, messieurs
mademoiselle, mesdemoiselles

Articles

The and a: definite and indefinite articles

When you learn a noun always learn with it either the definite article, le or la, or the indefinite article, un or une.

The

le masc. sing.
la fem. sing.
l' before a vowel, masc. or fem. sing.
les plural, masc, or fem.

Sometimes the definite article is used in French where it is absent in English:

J'aime le pain français *I like French bread*
Les pêches sont plus chères que les pommes
Peaches are dearer than apples

A, an

un masc.
une fem.

Nouns in French are hardly ever used without a definite or indefinite article. One important exception is when referring to someone's job or profession:

Monsieur Delcourt est pharmacien
Monsieur Delcourt is a chemist

Some, any: partitive article

du masc. sing.
de la fem. sing.
de l' before a vowel, masc. or fem. sing.
des plural, masc. or fem.

Elle a acheté **du** pain, **de la** confiture et **de l'**eau minérale *She bought some bread, some jam and some mineral water.*

Avez-vous des ananas? *Have you any pineapples?*

After a negative, all these become *de* or *d'*

Use de after expressions of quantity:

un kilo **de** bananes
trois tranches **de** jambon
une boîte **de** sardines

Adjectives

Adjectives describe nouns. In French, adjectives change their form to 'agree' with the noun they are describing. Most adjectives follow this pattern:

masc. sing. *petit, bleu, fatigué*
fem. sing. *petite, bleue, fatiguée*
masc. pl. *petits, bleus, fatigués*
fem. pl. *petites, bleues, fatiguées*

If the masc. form ends in -e (without an accent), the feminine form is the same:

rouge masc. and fem.

jeune masc. and fem.

If the masc. form ends in -er, this becomes -ère in the fem. form:

cher masc. sing.

chère fem. sing.

f the masc. form ends in -*x*, this becomes -*se* in
the fem. form. There is no separate masc. pl. form
for these adjectives:

heureux masc. sing.   *heureux* masc. pl.
heureuse fem. sing.   *heureuses* fem. pl.

If the masc. sing. form ends in -*al*, the masc. pl.
form ends in -*aux*:

général masc. sing.   *généraux* masc. pl.
générale fem. sing.   *générales* fem. pl.

If the masc. sing. form ends in -*s*, this is doubled
before adding an -*e* for the fem. form, and there is
no separate masc. pl. form:

gros masc. sing.   *gros* masc. pl.
grosse fem. sing.   *grosses* fem. pl.

Some common adjectives follow none of these
patterns, so each one has to be learnt separately.
Three of them have a second masc. sing. form
which is used before a vowel; they are printed in
brackets. These are the ones you should know:

Masc. sing.	*Fem. sing.*	
bon	bonne	
gentil	gentille	
blanc	blanche	
long	longue	
doux	douce	
frais	fraîche	
neuf	neuve	
beau (bel)	belle	
nouveau (nouvel)	nouvelle	
vieux (vieil)	vieille	

Masc. pl.	*Fem. pl.*	
bons	bonnes	*good*
gentils	gentilles	*kind*
blancs	blanches	*white*
longs	longues	*long*
doux	douces	*sweet, soft*
frais	fraîches	*fresh, cool*
neufs	neuves	*brand new*
beaux	belles	*beautiful*
nouveaux	nouvelles	*new*
vieux	vieilles	*old*

Position of adjectives

All adjectives of colour and nationality and most
other adjectives follow the noun they describe:

Je vais mettre mon pull rouge
Tu aimes le fromage italien?
J'ai entendu une histoire drôle

However, some common adjectives go before the
noun. These are the ones you need to know:

grand, petit, bon, mauvais, jeune, vieux,
nouveau, beau, joli, gros, long, court, haut.

Also: premier, deuxième, troisième, etc.

Je vais mettre mon nouveau pull rouge
Elle habite au quatrième étage

Comparisons

plus . . . que *more . . . than*
moins . . . que *less . . . than*
aussi . . . que *as . . . as*

Michel est $\left\{\begin{array}{l} \text{plus} \\ \text{moins grand que Pierre} \\ \text{aussi} \end{array}\right.$

The adjective agrees in the usual way:

Madeleine est plus **petite** que son frère
Les pommes sont moins **chères** que les ananas

There is a special comparative form of *bon*. To
say 'better', use *meilleur*:

Aujourd'hui, les poires sont meilleures que les
pommes

Superlatives

Use these to express the idea of 'most' or 'least'.
Depending on the noun you are describing, use
le, la or *les*, followed by *plus* or *moins*, then the
correct form of the adjective. If the adjective
normally follows the noun, then the whole
phrase will follow the noun:

Michel est le garçon le plus intelligent de la
classe.

If the adjective normally precedes the noun, then
the whole phrase will precede it:

Il est aussi le plus petit garçon de la classe

To say 'the best', use *le meilleur, la meilleure, les
meilleur(e)s*.

113

My, your, his, etc: possessive adjectives

Masc. sing.	Fem. sing.	(Before a vowel)	Masc. and fem. pl.	
mon	ma	mon	mes	*my*
ton	ta	ton	tes	*your*
son	sa	son	ses	*his, her, its*
notre	notre		nos	*our*
votre	votre		vos	*your*
leur	leur		leurs	*their*

The possessive adjective agrees with the noun that follows it, regardless of who or what the possessor is:

Marc met **sa** chemise *Marc is putting on his shirt*

This, these: demonstrative adjectives

masc. sing. *ce* (but *cet* before a vowel) this or that
fem. sing. *cette* this or that
masc. and fem. pl. *ces* these or those

To be more precise, add -*ci* or -*là* to the noun, using a hyphen:

Ce livre-ci *this book*

Cette jupe-là *that skirt*

Indefinite adjectives

These are the ones used in this book and that you should know:

quelque(s) *some, a few*

plusieurs (invariable) *several*

chaque (invariable) *each*

autre(s) *other*

même(s) *same*

tout, toute, tous, toutes *all*

Adverbs

Adverbs qualify verbs; they are used to say how or when something is done.

Adverbs never change their spelling.

To form adverbs:

add -*ment* to the feminine form of the adjective:

normale   normale**ment**

malheureuse   malheureuse**ment**

add -*ment* to the masculine singular form of the adjective if this ends in a vowel:

vrai   vrai**ment**

absolu   absolu**ment**

There are some exceptions, of which these are the most common:

bon   **bien**

mauvais   **mal**

gentil   **gentiment**

petit   **peu**

A list of commonly used adverbs can be found in the *Vocabulaire* section of Lesson 1.

Comparisons of adverbs are made in the same way as for adjectives:

Parlez plus lentement, s'il vous plait
Speak more slowly, please

Il travaille le plus lentement de la classe
He is the slowest worker of the class

Note: Tu parles bien le français
You speak French well

Tu parles mieux que moi
You speak better than I do

Pronouns

Pronouns replace nouns or phrases containing nouns.

Subject pronouns

These indicate who or what is doing the action of the verb. They are:

je	nous
tu	vous
il, elle, on	ils, elles

Direct object pronouns

These indicate who or what is receiving the action of the verb. They are:

me	nous
te	vous
le, la, l'	les

These pronouns go directly in front of the verb to which they relate, even if it is a negative verb:

Je ne **les** vois pas

Sometimes the relevant verb is in the infinitive:
Tu vas l'acheter?

These pronouns can also be used with *voici* and *voilà*:
Nous voici   Le voilà

See also the sections on imperatives and the perfect tense.

Indirect object pronouns

These are used to express the idea 'to me', 'to him', 'to you', etc. They are:

me	nous
te	vous
lui	leur

These pronouns precede the verb to which they relate, in the same way as direct object pronouns:
Mon père va **me** donner de l'argent

See also the sections on imperatives and the perfect tense.

The pronouns *y* and *en*

Y replaces a noun or a phrase containing a noun, and expresses the idea of 'there', 'in' or 'to that place'.
En replaces a noun or a phrase containing a noun, and conveys the meaning 'of it', 'of them', 'some', 'any'.
Both go before the verb:
Allez-vous souvent **au cinéma**? Oui, j'**y** vais tous les samedis
Des pêches, madame? Combien **en** voulez-vous? J'**en** prends un kilo
Des melons? Je regrette, je n'**en** ai plus

When two or more pronouns occur before the verb, it is important to get them in the right order. Try to memorise this table so that you can use any pronoun correctly.

je					
tu					
il					
elle	me				
on	te	le	lui		
nous	nous	la	leur	y	en
vous	vous	les			
ils					
elles					

This one, that one: demonstrative pronouns

These pronouns replace *ce, cette*, etc. plus a noun. They are:

celui masc. sing.	*ceux* masc. pl.
celle fem. sing.	*celles* fem. pl.

They are often used with *-ci* and *-là*:
J'aime ces gants-ci, mais **ceux-là** sont moins chers

Ceci and *cela* are used to refer to unnamed objects, or to facts and ideas:
Cela ne m'intéresse pas

Often, *cela* is shortened to *ça*:
Ça fait combien?

Who, whom, which: relative pronouns

Qui, used in the middle of a sentence, means 'who' when referring to people, and 'which' when referring to things. It is the subject of the following clause, and is therefore usually followed by a verb:
C'est ma mère **qui** fait la cuisine chez moi
Le train **qui** est au quai numéro cinq, va à Rouen

Notice that *qui* is not shortened before a vowel.

Que, used in the middle of a sentence, means 'whom' when referring to people and 'that' or 'which' when referring to things. It is the object of the following clause, and is therefore usually followed by a noun or a pronoun:
C'est le garçon **que** nous avons vu hier
Monique porte le pantalon **qu'** elle a acheté hier

Notice that **que** is shortened to *qu'* before a vowel.

In English, 'whom,' 'that' and 'which' are often omitted. In French, *que* is never omitted.

Emphatic pronouns

Emphatic pronouns refer to people, when emphasis is required. They are:

moi	nous
toi	vous
lui	eux
elle	elles

They are used mainly in the following situations:

1 For emphasis:
   Moi, j'adore le français, et **toi**?
   *I love French. Do **you**?*

2 In comparisons:
   Jane est plus petite qu'**elle**
   *Jane is smaller than **her***

3 After prepositions:
   derrière **eux** *behind **them***
   c'est à **moi** *it's **mine***
   chez **vous** *at/to **your** house*

Possessive pronouns

Use: to express the English mine, yours, his, etc.
The possessive pronoun must be the same
number and gender as the noun it replaces.

These are the possessive pronouns:

	mine	*yours*	*his/hers*
Masc. sing.	le mien	le tien	le sien
Fem. sing.	la mienne	la tienne	la sienne
Masc. pl.	les miens	les tiens	les siens
Fem. pl.	les miennes	les tiennes	les siennes

	ours	*yours*	*theirs*
Masc. sing.	le nôtre	le vôtre	le leur
Fem. sing.	la nôtre	la vôtre	la leur
Masc/Fem. pl.	les nôtres	les vôtres	les leurs

Prepositions

À – *to* or *at*

à + proper noun	à Paris, à Pierre
à + *la*	à la piscine, à la dame
à + *l'*	à l'école, à l'enfant
à + *le*	**au** collège, **au** professeur
à + *les*	**aux** magasins, **aux** professeurs

(But see opposite for names of countries)

Note also: à pied *on foot*; à vélo *by bicycle*;
salle à manger *dining-room*

De – *of* or *from*

de + proper noun	de Paris, de Pierre
de + *la*	de la piscine, de la dame
de + *l'*	de l'école, de l'enfant
de + *le*	**du** collége, **du** professeur
de + *les*	**des** magasins, **des** professeurs

(But see below for names of countries)

De also forms part of other prepositions:

près de	*near*	près de Londres
en face de	*opposite*	en face du cinéma
à côté de	*next to*	à côté des toilettes

Other important prepositions

dans *in*
(But see below for names of towns and countries)

sur *on*

sous *under*

devant *in front of*

derrière *behind*

chez *at* or *to the house of*

pour *for, in order to*

Transport

en avion	à pied
en bateau	à *or* en vélo
en voiture	à *or* en motocyclette
en autobus	par le train
en car	

Names of towns and countries

À *to* or *in a town:* à Bruxelles *to* or *in Brussels*
                          au Havre *to* or *in Le Havre*

En *to* or *in a country:* en France *to* or *in France*

De *from a town or a country:* de Belgique
                                  de Lyon

Note these exceptions:

au du	Canada Danemark Luxembourg Portugal	aux des	Pays Bas (*to* or *in*) États-Unis (*from*)

Verbs

The present tense

The three groups of regular verbs are known by the ending of their infinitives: -er, -ir and -re. The endings for regular verbs are:

-ER   jouer

je joue	nous jou**ons**
tu joue**s**	vous jou**ez**
il	ils
elle } joue	elles } jou**ent**
on	

-IR   finir

je fin**is**	nous fin**issons**
tu fin**is**	vous fin**issez**
il	ils
elle } fin**it**	elles } fin**issent**
on	

-RE   attendre

j'attend**s**	nous attend**ons**
tu attend**s**	vous attend**ez**
il	ils
elle } attend	elles } attend**ent**
on	

Some common -er verbs have slight irregularities:
In the *nous* form:
Infinitives ending in -cer: nous commen**ç**ons
Infinitives ending in -ger: nous mang**e**ons, nous nag**e**ons

In all forms except *nous* and *vous*:
acheter and *lever* have a grave accent:
j'ach**è**te (nous ach**e**tons)
ils se l**è**vent (vous vous l**e**vez)
appeler has -*ll*: Tu t'appe**ll**es (nous nous appe**l**ons)

Many common verbs do not follow any of these patterns. Their endings will be found in the verb table.

Giving orders (the imperative)

Use the *tu* or the *vous* form of the present tense without the *tu* or the *vous*:
Attends *Wait*   Appelez un médecin *Call a doctor*

For verbs with -er endings, leave off the -s from the *tu* form:
Regarde   Ouvre la fenêtre   (*Note also:* va *go*)

To say 'Let's . . .', use the *nous* form of the present tense without the *nous*:
Faisons nos devoirs *Let's do our homework*

Pronouns come after the imperative and are attached by a hyphen, *me* and *te* becoming *moi* and *toi*:
Donnez-le-lui *Give it to him*
Regardez-**moi** *Look at me*
Prends-en *Take some*

(See also the section on negatives)

Reflexive verbs

These are distinguished by the reflexive pronoun immediately before the verb:
se lever: je **me** lève   nous **nous** levons
tu **te** lèves   vous **vous** levez
il **se** lève   ils **se** lèvent

In the imperative, this pronoun comes after the verb, and *te* becomes *toi*:
Lève-**toi** *Get up*
Amusez-**vous** bien *Have a good time*

(See also the sections on negatives and the perfect tense)

The perfect tense or the *passé composé*

Use to express completed actions in the past. The perfect tense of most verbs is formed by using the present tense of *avoir* plus the past participle of the verb to be used.

For certain verbs and for all reflexive verbs, *être* is used instead of *avoir*.

Past participles of regular verbs are formed as follows:
-er verbs: remove -er and add -é
-ir verbs: remove -r
-re verbs: remove -re and add -u

117

Many common verbs do not follow this rule. Their past participles will be found in the verb table.

These verbs and all reflexive verbs take *être* in the perfect tense:

aller	venir	tomber	rester
arriver	partir	rentrer	retourner
entrer	sortir	revenir	devenir
monter	descendre	naître	mourir

Past participles of verbs taking *être* have to agree with the subject, and take on endings just like adjectives:

elle est arriv**ée**
ils sont descendu**s**
nous sommes parti**s**
elles sont tomb**ées**

Pronouns go before the *avoir*, or *être* parts:

Il **l'**a regardé
Il **m'**a donné de l'argent
Nous **y** sommes descendus

Negatives

The two parts of the negative go on either side of the verb.

In the past tense, they go on either side of the *avoir* or *être* part:

ne . . . pas
Je **ne** travaille **pas**   je **n'**ai **pas**

ne . . . jamais *never*
Il **ne** va **jamais** à la piscine

ne . . . plus *no longer, no more*
Il **n'**habite **plus** Paris   Je **n'**ai **plus** d'argent

ne . . . rien *nothing*
Il **n'**a **rien** acheté

ne . . . personne *no one*
Je **ne** vois **personne**

Note also: Personne n'est là *There's no one there*
     Rien n'est arrivé *Nothing happened*

Jamais, *rien* and *personne* can be used on their own in answer to a question.

ne . . . ni . . . ni *neither . . . nor*
Je **n'**ai **ni** frère **ni** sœur

ne . . . que *only*
Il **n'**a **que** deux francs

Pronouns go between *ne* and the verb:

Il ne **me** regarde pas *He isn't looking at me*
Je n'**y** vais jamais *I never go there*

If a command is negative, the pronouns go before the verb:

Donnez-**le lui**
Ne **le lui** donnez pas

Asking questions: the interrogative

There are three main patterns for asking questions:

1 By intonation (raising the voice at the end of the sentence) Tu aimes le vin?
2 By beginning the sentence with *Est-ce que . . .?* Est-ce que tu aimes le vin?
3 By inverting the subject and the verb: Aimes-tu le vin?
   When this results in two vowels together, *-t-* is inserted:
   Va-t-il au supermarché?

Both inversion and *est-ce que . . .* are used with question words:
Où vas-tu?
Pourquoi est-ce que tu fais cela?

Venir de

To say that something has just happened, use the present tense of *venir* followed by *de* and the infinitive:
Je **viens d'**arriver *I have just arrived*

Aller + **infinitive**

To say what is going to happen, use the present tense of *aller* followed by the infinitive:
Il **va** sortir *He is going to go out*

Depuis

To say how long someone has been doing something, use *depuis* with the present tense:
Depuis quand as-tu mal à la gorge?
How long have you had a sore throat?
Je suis malade **depuis** deux jours
I've been ill for two days

Present participles

This part of the verb ends in *-ant* and corresponds to the English *-ing*.

Uses:

1 As an adjective like *amus**ant***, *viv**ant***.
   When used in this way, the present participle agrees with the noun it describes:
   Une journée fatigante
2 With *en* to express the idea of 'while' or 'by' doing something:
   J'ai trouvé mes lunettes **en** range**ant** la chambre
   En fais**ant** des économies, nous pourrons acheter une moto

The present participle is formed by adding *-ant* to the stem of the *nous* form in the present tense:
finir – nous **finiss**ons – finiss**ant**

The only exceptions are:

être **étant**   avoir **ayant**   savoir **sachant**

The imperfect tense

Uses:

1 Descriptions in the past:
   Il faisait beau *It was fine*
   Elle était contente *She was happy*
2 What was happening:
   Il lisait son journal
   He was reading his newspaper
3 What used to happen:
   Quand j'étais jeune, je nageais beaucoup
   When I was young I used to swim a lot

With the single exception of *être*, the imperfect tense is formed by removing the *-ons* from the *nous* form of the present tense, and adding these endings:

-ais   -ions
-ais   -iez
-ait   -aient

The imperfect tense of *être* is *j'étais*, *tu étais*, etc.

The future tense

Used to say what will happen.
The future tense of regular verbs is formed by adding these endings to the infinitive:

-ai   -ons
-as   -ez
-a   -ont

Regular *-re* verbs drop the final *e* before the endings are added.

je	donnerai	finirai	répondrai
tu	donneras	finiras	répondras
il, elle, on	donnera	finira	répondra
nous	donnerons	finirons	répondrons
vous	donnerez	finirez	répondrez
ils, elles	donneront	finiront	répondront

Although the endings never vary, many common verbs have irregular stems, which have to be learnt. You will find them in the verb table. These are the most common irregular future stems:

aller	j'irai, tu iras, il ira, nous irons, vous irez, ils iront
avoir	j'aurai, etc.
devoir	je devrai, etc.
être	je serai, etc.
faire	je ferai, etc.
pouvoir	je pourrai, etc.
venir	je viendrai, etc.
vouloir	je voudrai, etc.

The conditional tense

Use:

To express the idea of *would*

This tense is formed by combining the first part of the future tense with the endings of the imperfect tense:

Je voud**rais** un melon
Pour**riez**-vous m'aider?
La vie se**rait** plus difficile sans l'ordinateur
Si nous allions en France nous parle**rions** mieux le français
Ils nous ont dit qu'ils arrive**raient** à huit heures

The pluperfect tense

Use:

To say what had happened

This tense is formed in the same way as the

perfect tense except that the *avoir* or *être* part goes into the imperfect tense; this is followed by the past participle:

J'**avais** décidé de rentrer avant minuit
Il n'**avait** pas voulu quitter le collège
Tu m'as dit qu'ils **avaient** fini ce travail
Nous **étions** arrivés en retard
Elle s'**était** reposée pendant l'après-midi

The past historic tense

This is found only in formal written French.
It has the same function as the perfect tense.

There are four sets of endings to recognise:

1 For *-er* verbs:
   -ai   -âmes
   -as   -âtes
   -a   -èrent

2 For *-ir* and *-re* verbs:
   -is   -îmes
   -is   -îtes
   -it   -irent

3 For *-oir*, *-oire* and *-aître* verbs:
   -us   ûmes
   -us   -ûtes
   -ut   -urent

4 For *venir*, *tenir* and their compounds:
   -ins   -înmes
   -ins   întes
   -int   -inrent

It is easy to recognise which verb is being used in the past historic, except for these:

avoir   j'**eus** etc
être   je **fus** etc
faire   je **fis** etc
voir   je **vis** etc
naître   je **naquis** etc

Verb table

Infinitive	Present		Perfect	Imperfect	Future
acheter *to buy*	j'achète tu achètes il achète	nous achetons vous achetez ils achètent	j'ai acheté etc.	j'achetais etc.	j'achèterai etc.
aller *to go*	je vais tu vas il va	nous allons vous allez ils vont	je suis allé(e) etc.	j'allais etc.	j'irai etc.
appeler *to call*	j'appelle tu appelles il appelle	nous appelons vous appelez ils appellent	j'ai appelé etc.	j'appelais etc.	j'appellerai etc.

s'appeler, *to be called* see appeler

apprendre, *to learn* see prendre

Infinitive	Present		Perfect	Imperfect	Future
avoir *to have*	j'ai tu as il a	nous avons vous avez ils ont	j'ai eu etc.	j'avais etc.	j'aurai etc.
boire *to drink*	je bois tu bois il boit	nous buvons vous buvez ils boivent	j'ai bu etc.	je buvais etc.	je boirai etc.

comprendre, *to understand* see prendre

connaître *to know*	je connais tu connais il connaît	nous connaissons vous connaissez ils connaissent	j'ai connu etc.	je connaissais etc.	je connaîtrai etc.
croire *to believe* *to think*	je crois tu crois il croit	nous croyons vous croyez ils croient	j'ai cru etc.	je croyais etc.	je croirai etc.

devenir, *to become* see venir

devoir *to have to* *to owe*	je dois tu dois il doit	nous devons vous devez ils doivent	j'ai dû etc.	je devais etc.	je devrai etc.
dire *to say*	je dis tu dis il dit	nous disons vous dites ils disent	j'ai dit etc.	je disais etc.	je dirai etc.
dormir *to sleep*	je dors tu dors il dort	nous dormons vous dormez ils dorment	j'ai dormi etc.	je dormais etc.	je dormirai etc.
écrire *to write*	j'écris tu écris il écrit	nous écrivons vous écrivez ils écrivent	j'ai écrit etc.	j'écrivais etc.	j'écrirai etc.
envoyer *to send*	j'envoie tu envoies il envoie	nous envoyons vous envoyez ils envoient	j'ai envoyé etc.	j'envoyais etc.	j'enverrai etc.
essayer *to try*	j'essaie tu essaies il essaie	nous essayons vous essayez ils essaient	j'ai essayé etc.	j'essayais etc.	j'essaierai etc.
être *to be*	je suis tu es il est	nous sommes vous êtes ils sont	j'ai été etc.	j'étais etc.	je serai etc.
faire *to do* *to make*	je fais tu fais il fait	nous faisons vous faites ils font	j'ai fait etc.	je faisais etc.	je ferai etc.
falloir *to be necessary*	il faut		il a fallu	il fallait	il faudra
se lever *to get up*	je me lève tu te lèves il se lève	nous nous levons vous vous levez ils se lèvent	je me suis levé(e) etc.	je me levais etc.	je me lèverai etc.

Infinitive	Present		Perfect	Imperfect	Future
lire *to read*	je lis tu lis il lit	nous lisons vous lisez ils lisent	j'ai lu etc.	je lisais etc.	je lirai etc.
mettre *to put* *to put on*	je mets tu mets il met	nous mettons vous mettez ils mettent	j'ai mis etc.	je mettais etc.	je mettrai etc.
ouvrir *to open*	j'ouvre tu ouvres il ouvre	nous ouvrons vous ouvrez ils ouvrent	j'ai ouvert etc.	j'ouvrais etc.	j'ouvrirai etc.
partir *to leave* *to depart*	je pars tu pars il part	nous partons vous partez ils partent	je suis parti(e) etc.	je partais etc.	je partirai etc.
payer *to pay* *to pay for*	je paie/paye tu paies/payes il paie/paye	nous payons vous payez ils paient/payent	j'ai payé etc.	je payais etc.	je paierai/ payerai etc.
pleuvoir *to rain*	il pleut		il a plu	il pleuvait	il pleuvra
pouvoir *to be able*	je peux tu peux il peut	nous pouvons vous pouvez ils peuvent	j'ai pu etc.	je pouvais etc.	je pourrai etc.
prendre *to take*	je prends tu prends il prend	nous prenons vous prenez ils prennent	j'ai pris etc.	je prenais etc.	je prendrai etc.
recevoir *to receive*	je reçois tu reçois il reçoit	nous recevons vous recevez ils reçoivent	j'ai reçu etc.	je recevais etc.	je recevrai etc.
rire *to laugh*	je ris tu ris il rit	nous rions vous riez ils rient	j'ai ri etc.	je riais etc.	je rirai etc.
savoir *to know*	je sais tu sais il sait	nous savons vous savez ils savent	j'ai su etc.	je savais etc.	je saurai etc.
sortir *to go out*	je sors tu sors il sort	nous sortons vous sortez ils sortent	je suis sorti(e) etc.	je sortais etc.	je sortirai etc.
venir *to come*	je viens tu viens il vient	nous venons vous venez ils viennent	je suis venu(e) etc.	je venais etc.	je viendrai etc.
voir *to see*	je vois tu vois il voit	nous voyons vous voyez ils voient	j'ai vu etc.	je voyais etc.	je verrai etc.
vouloir *to want* *to wish*	je veux tu veux il veut	nous voulons vous voulez ils veulent	j'ai voulu etc.	je voulais etc.	je voudrai etc.

Vocabulary

abaissement (m) *lowering*
abolir *to abolish*
abonnement (m) *subscription*
d'abord *first*
d'accord *all right*
accueillir *to welcome*
acheter *to buy*
actualités (fpl) *news*
adhérent, (m) adhérente (f) *member*
aéroglisseur (m) *hovercraft*
aéroport (m) *airport*
aide (f) *assistance*
aiguille (f) *needle*
ambiance (f) *atmosphere, surroundings*
amende (f) *fine*
amour (m) *love*
amoureux, amoureuse de *in love with*
ampoule (f) *bulb*
appareil (m) *camera, telephone*
appeler *to call*
apporter *to bring*
apprendre *to learn*
assouplir *to make supple*
attestation d'assurance (f) *insurance certificate*
attraper *to catch*
aube (f) *dawn*
auditoire (m) *audience*
aussitôt *straightaway, as soon as*
automobiliste (mf) *motorist*
auto-stop (m) *hitch-hiking*
autour *around*
avant *before*
avion (m) *aeroplane*
avis (m) *opinion, notice*

bac (baccalauréat) (m) *sixth-form exam*
bal (m) *dance*
bas, basse *low*
en-bas *downstairs*
batterie (f) *battery, drums*
besoin (m) *need*
bête *stupid*
bêtise (f) *stupidity*
bibliothécaire (mf) *librarian*
blessé *injured*
blouson (m) *jacket*
boisson (f) *drink*
boîte (f) *box*
boîte aux lettres (f) *post box*
bon marché *cheap*
bouche (f) *mouth*
bouger *to move*
boulodrome (m) *bowling pitch*

boum (f) *party*
bras (m) *arm*
brisé *smashed*
bruit (m) *noise*
brûler *to burn*
brume (f) *mist*
brumeux *misty*

cachet (m) *tablet*
caissier (m) *cashier*
calcul (m) *arithmetic*
camion (m) *lorry*
casser *to break*
chaîne (f) *television channel*
chanteur (m), chanteuse (f) *singer*
chaque *each*
chariot (m) *trolley*
chaud *warm*
chaussure (f) *shoe*
chemin (m) *road, way*
chemisier (m) *blouse*
cher, chère *dear*
chose (f) *thing*
chouette *great*
circulation (f) *traffic*
cirque (m) *circus*
clignotant *flashing*
cœur (m) *heart*
avoir mal au cœur *to feel sick*
coin (m) *corner*
colis (m) *parcel*
collant (m) *pair of tights*
coller *to stick*
colline (f) *hill*
commissariat (m) *police station*
composer *to dial*
compositeur (m) *composer*
comprimé (m) *tablet*
compter *to count*
conduire *to drive, lead*
connaissance (f) *acquaintance*
connaître *to know*
conseiller *to advise*
constat (m) *accident report*
convenir *to suit*
coudre *to sew*
couloir (m) *corridor*
coup de soleil (m) *sunburn*
couper *to cut*
couramment *fluently*
cours (m) *lesson*
faire les courses *to do the shopping*
court *short*
courtois *courteous*
coûter *to cost*
créer *to create*
crevé *punctured*
croire *to believe, think*
cuillerée (f) *spoonful*

dactylographie (f) *typing*
déboucher *to emerge*
début (m) *beginning*
déchiré *torn*
décrocher *to pick up the phone*
dégât (m) *damage*
dégoûtant *disgusting*
demain *tomorrow*
déménager *to move house*
demi-tarif (m) *half-price*
démodé *old-fashioned*
service de dépannage (m) *breakdown service*
dépanneuse (f) *breakdown lorry*
se dépêcher *to hurry*
dépenser *to spend*
déplacer *to get about*
dépourvu de *without*
déranger *to disturb*
dernier *last*
dessin animé (m) *cartoon*
détruire *to destroy*
devoir *to have to*
devoir (m) *homework*
directeur (m) *manager, headmaster*
se diriger *to head for*
disponible *available*
disputer *to argue*
doigt (m) *finger*
c'est dommage *it's a pity*
dos (m) *back*
douane (f) *customs*
durer *to last*

s'écarter *to move away*
s'échauffer *to warm up*
éclaircie (f) *bright interval*
écrire *to write*
écrivain (m) *writer*
efficace *effective*
effrayant *frightening*
ça m'est égal *I don't mind*
également *also*
égalité (f) *equality*
égoïste *selfish*
embrayage (m) *clutch*
émission (f) *programme*
emmener *to take*
empêcher *to prevent*
emprunter *to borrow, take*
s'ennuyer *to be bored, miss*
enregistrer *to record*
être enrhumé *to have a cold*
enseigner *to teach*
ensemble *together*
ensoleillé *sunny*
entendre *to hear*
s'entendre *to get on well*
avoir envie de *to feel like*

environ *about*
envoyer *to send*
épaule (f) *shoulder*
épeler *to spell*
escalier (m) *staircase*
espérer *to hope*
essayer *to try*
essence (f) *petrol*
estomac (m) *stomach*
état (m) *condition*
étonner *to amaze*
étudiant/e *student*
étudier *to study*
expérience (f) *experiment*
expliquer *to explain*
exposition (f) *exhibition*
extra *fantastic*

facile *easy*
façon (f) *way, fashion*
faible *weak, poor, low*
fatigué *tired*
faute (f) *fault*
faux, fausse *false*
félicitations (fpl) *congratulations*
fermeture (f) *closing*
fêter· *to celebrate*
feuilleton (m) *serial*
fièvre (f) *fever, temperature*
fil (m) *thread*
coup de fil (m) *phone call*
fin (f) *end*
foire (f) *fair*
foire à la brocante *second-hand sale*
fois (f) *time*
fond (m) *bottom*
formulaire (m) *form*
fort *strong, loud*
se fouler *to sprain*
frein (m) *brake*
frigidaire (m) *fridge*

gagnant (m) *winner*
garer *to park*
genou (m) *knee*
glisser *to slip, slide*
goût (m) *taste*
goutte (f) *drop*
gratuit *free*
grave *serious*
grippe (f) *flu*
ne ... guère *scarcely*
guerre (f) *war*
guichet (m) *ticket office, counter position*

haut *high*
hebdomadaire *weekly*

hébergement (m) *accommodation*
horaire (m) *timetable*
horloge (f) *clock*
hublot (m) *porthole*

illustré (m) *comic*
n'importe où *anywhere*
n'importe quel *any*
incendie (m) *fire*
indicatif (m) *dialling code*
infraction (f) *offence*
ingénieur (m) *engineer*
s'inquiéter *to worry*
insolation (f) *sunstroke*
interdire *to forbid*
inutile *useless, pointless*

jambe (f) *leg*
jeunesse (f) *youth*
jeu (m) *game*
journal (m) *newspaper*
jupe (f) *skirt*
jusqu'à *to, as far as*

là-haut *up there*
laisse (f) *leash*
laisser *to leave, let*
laisser tomber *to drop*
langue (f) *language, tongue*
lanière (f) *strap*
laver *to wash*
laverie automatique (f) *launderette*
léger, légère *light*
légèrement *lightly, slightly*
lendemain (m) *next day*
lessive (f) *washing*
libre *free*
lieu (m) *place*
linge (m) *washing*
lit (m) *bed*
livre (m) *book*
livre (f) *pound*
livrer *to deliver*
location (f) *hiring, renting*
lointain (m) *distance*
louer *to hire, rent*
lunettes (fpl) *glasses*

magasin hors taxes (m) *duty-free shop*
maigre *thin*
main (f) *hand*
maison des jeunes (f) *youth club*
mal *badly*
mal (m) *pain*
maladie (f) *illness*
manquer *to miss, be lacking*
manteau (m) *coat*
maquillage (m) *make-up*

matière (f) *subject*
matinal *morning*
mauvais *bad*
médecin (m) *doctor*
médicament (m) *medicine*
même *same, even*
mensuel, mensuelle *monthly*
métier (m) *occupation, job*
meurtre (m) *murder*
mieux *better*
le mieux *best*
milieu (m) *middle*
millier (m) *thousand*
mince *slim*
mince alors! *drat it!*
mois (m) *month*
montrer *to show*
morceau (m) *piece*
mot (m) *word*
motard (m) *motorcyclist*
moteur (m) *engine*
moto (f) *motorbike*
moyen *medium*
moyen (m) *means, way*

naissance (f) *birth*
naître *to be born*
nautique *nautical, water*
nettoyer *to clean*
niveau (m) *level*
nouveau, nouvelle *new*
nouvelles (fpl) *news*
nuage (m) *cloud*
nuageux, nuageuse *cloudy*

orchestre (m) *stalls*
ordinateur (m) *computer*
ordonnance (f) *prescription*
oser *to dare*
oublier *to forget, leave behind*
ouverture (f) *opening*
ouvreuse (f) *usherette*

panne (f) *breakdown*
panneau (m) *sign, noticeboard*
pansement (m) *dressing, bandage*
Pâques (m) *Easter*
parfois *sometimes*
pare-brise (m) *windscreen*
passionnant *fascinating*
patinoire (f) *ice rink*
pauvre *poor*
peine de mort (f) *death penalty*
ça vaut la peine *it's worth it*
peintre (mf) *painter*
peinture (f) *painting*
pellicule (f) *film*
pensée (f) *thought*
penser *to think*
perdant (m) *loser*

perdre *to lose*
de permanence *on duty, on call*
permis (m) *permit, licence*
perte de temps (f) *waste of time*
peu *little*
peur (f) *fear*
phare (m) *headlamp*
pièce (f) *coin, room*
pied (m) *foot*
pincer *to pinch*
piqûre (f) *sting, bite*
se plaindre *to complain*
plein *full*
plombier (m) *plumber*
pluie (f) *rain*
plupart (f) *majority*
plusieurs *several*
plutôt *rather*
pneu (m) *tyre*
poignet (m) *wrist*
pont (m) *bridge*
portière (f) *door*
portillon (m) *gate, barrier*
poupée (f) *doll*
pourboire (m) *tip*
pratique *practical*
pratique (f) *practice*
presque *almost*
pressé *in a hurry*
pressing (m) *dry-cleaner's*
prêt *ready*
prêter *to lend*
prochain *next*
proche *near*
projet (m) *plan*
à propos *by the way*
propriétaire (mf) *owner*
puissant *powerful*

quotidien *daily*

raccommoder *to mend*
radiographie (f) *x-ray*
rafraîchissant *cooling, refreshing*
ramener *to bring back*
rapport (m) *relationship*
recensement (m) *census*
récepteur (m) *receiver*
pièce de rechange (f) *spare part*
reçu (m) *receipt*

réduit *reduced*
réfléchir *to think*
rembourser *to refund*
rempart (m) *city wall*
rencontrer *to meet*
renseignement (m) *information*
rester *to stay*
en retard *late*
retirer *pick up*
retrouver *meet*
réussir *succeed, pass*
réveil (m) *waking up*
revoir *to meet again*
rond-point (m) *roundabout*
roue (f) *wheel*
roue de secours (f) *spare wheel*

sable (m) *sand*
sale *dirty*
sans *without*
santé (f) *health*
sapeur-pompier (m) *fireman*
séance (f) *performance*
sec, sèche *dry*
secours (m) *help*
selon *according to*
sembler *to seem*
se sentir *to feel*
se servir de *to use*
sévère *strict*
signaler *to indicate*
soir (m) *evening*
soirée (f) *evening, party*
soldes (mpl) *sale of reduced goods*
sondage (m) *opinion poll*
sonner *to ring, sound*
sonore *sound*
sortir *to go out*
spectacle (m) *show*
stoppage (m) *invisible repair*
studio (m) *one-roomed flat*
suivant *following*
suivant (m) *next one*
suivre *to follow*
supprimer *to cancel, withdraw*
surtout *especially*
sympa *nice*

talon (m) *heel*
tard *late*
tarif (m) *price(list)*
teinturerie (f) *dry-cleaner's*
tel *such, like*
tellement *so (very)*
tenter *to tempt, try*
timbre (m) *stamp*
tintement (m) *ringing*
tirer *to pull, draw*
tiroir (m) *drawer*
tomber en panne *to break down*
tonalité (f) *dialling tone*
avoir tort *to be wrong*
tôt *early*
toucher *to touch, cash*
toux (f) *cough*
traduire *to translate*
traîter *to treat*
trajet (m) *journey*
traversée (f) *crossing*
traverser *to cross*
trou (m) *hole*
tuer *to kill*

utile *useful*

vaisselle (f) *washing-up*
valise (f) *suitcase*
vedette (f) *star*
vélo (m) *bike*
vendre *to sell*
vent (m) *wind*
vente (f) *sale*
ventre (m) *stomach*
vérifier *to check*
véritable *real*
vers *towards, about*
veston (m) *jacket*
vêtements (mpl) *clothes*
vide *empty*
vieux, vieille *old*
visage (m) *face*
vitesse (f) *speed, gear*
vivre *to live*
voisin *neighbouring*
vol (m) *flight, theft*
volontiers *gladly*
vraiment *really*

yeux (mpl) *eyes*

Première Leçon

Entendu: les conversations des autres

À l'agence de voyages

1 F1: Il me faut aller à Strasbourg demain matin. Est-ce qu'il y a un vol vers neuf heures?
  F2: Mercredi, oui, madame. Il y a un vol à neuf heures dix, Air Inter.
  F1: Il part de l'aéroport Charles-de-Gaulle?
  F2: Non, madame, d'Orly-Ouest.

2 M: Pour Nice, il y a un vol tous les combien, s'il vous plaît?
  F: Ils sont assez fréquents, presque toutes les heures.
  M: Et le vol dure combien de temps?
  F: Une heure quinze minutes, monsieur.

3 M: Je voudrais acheter un billet pour Genève, pour lundi prochain.
  F: Oui, monsieur. À quelle heure voulez-vous partir?
  M: Euh, je ne sais pas exactement. Je dois arriver avant midi.
  F: Eh bien, monsieur. De Charles-de-Gaulle, vous avez un vol à huit heures quarante-cinq qui arrive à Genève à neuf heures cinquante, et un deuxième qui part à neuf heures cinquante et arrive à dix heures cinquante.
  M: Il n'y a rien plus tard?
  F: Non, monsieur. Le vol suivant arrive à midi dix.

4 F1: C'est combien un billet pour Milan, classe touriste
  F2: Mille quatre cent quinze francs aller simple; deux mille huit cent trente francs aller et retour.

5 M: Je voudrais aller à Londres par le train et le bateau. Je préférerais arriver à Londres dans l'après-midi.
  F: Certainement, monsieur. Vous prenez le train de neuf heures de la gare du Nord jusqu'à la gare maritime de Boulogne. Le bateau assure la correspondance avec le train de Londres.
  M: La traversée dure combien de temps?
  F: Une heure quarante minutes à peu près.

À la douane

6 M: Avez-vous quelque chose à déclarer, madame?
  F: Non, rien. J'ai seulement des souvenirs de mon séjour en Angleterre.
  M: Voulez-vous ouvrir cette valise?

7 M1: Ces bagages sont à vous, monsieur?
  M2: Pas exactement. Voici ma valise. Celle-là est à ma femme.
  M1: Voulez-vous ouvrir ce sac, s'il vous plaît?
  M2: Il n'est pas fermé à clef.

8 M: Excusez-moi, mademoiselle. Venez par ici, s'il vous plaît.
  F: Mais je n'ai rien à déclarer.
  M: Vous avez une liste des articles que vous avez achetés en Angleterre?

Dans le métro

9 F: Deux tickets s'il vous plaît, deuxième classe.
  M: Voilà, madame.
  F: Est-ce qu'il faut changer pour aller au Louvre?
  M: Non, madame.

10 M1: Pardon, monsieur. Direction Pont de Sèvres, c'est par où, s'il vous plaît?
  M2: Par là, monsieur. Suivez les panneaux 'Correspondance'.

Attention! Attention!

1 Départ à destination de Rome, vol Air France six cent trente-quatre, embarquement immédiat, porte numéro huit.

2 Air Inter regrette d'annoncer un retard de vingt minutes au départ du vol IT6367 à destination de Strasbourg, à cause de problèmes techniques.

3 Dernier appel pour le vol AF 634 à destination de Rome. Les passagers sont priés de se présenter immédiatement à la porte numéro huit. Merci.

4 Attention! Message important pour le docteur Clémence. Docteur Clémence de Marseille, allez immédiatement au bureau d'Air France.

5 Air Inter annonce le départ dans trente minutes du vol IT6367 à destination de Strasbourg. Embarquement porte numéro douze.

This is your captain

Mesdames et messieurs, bonjour. Le pilote et son équipage sont heureux de vous accueillir à bord.
Nous arriverons à Londres Heathrow dans une heure exactement. Durant ce vol, notre altitude sera de sept mille mètres ou vingt-trois mille pieds, et notre vitesse de neuf cents kilomètres à l'heure.
Nous vous demandons de consulter les consignes de sécurité placées dans la poche devant vous.
Nous vous prions de bien respecter les signaux lumineux, d'attacher votre ceinture et de ne pas fumer pendant le décollage.

Madame Delcourt parle de son enfance

J'ai toujours demeuré ici, dans cette maison. C'était la maison de mes parents. Aujourd'hui, elle est un peu différente, bien sûr. Mon mari et moi avons dépensé beaucoup d'argent pour la moderniser, pour la rendre plus confortable. Par exemple, autrefois, il n'y avait pas de garage – mon père n'avait pas de voiture. Et nous n'avions que deux chambres à coucher et une salle de bains. Mes deux frères couchaient dans la même chambre, et moi, je partageais une chambre avec ma grand-mère. En plus, la cuisine était beaucoup plus petite; il n'y avait pas de place pour la grande table que tu y vois maintenant. Nous prenions tous nos repas dans la salle à manger.
Quand j'étais jeune, nous n'avions pas de télévision. Le soir, nous écoutions la radio ou nous jouions aux cartes ou quelque chose dans ce genre. Mon père était assez sévère; il

nous était interdit à mes frères et à moi de sortir le soir ou le weekend, sauf en famille. C'était comme ça jusqu'à l'âge de dix-huit ans. Il me fallait aussi aider ma mère à faire le ménage, préparer les repas, faire la vaiselle, la lessive, nettoyer ma chambre, etc. En ce temps-là, la vie des jeunes était vraiment plus dure, tu sais. Mais il y a une chose qui n'a pas changé du tout – c'est le jardin!

Deuxième Leçon

Entendu

Rendez-vous

1 M1: Allô, c'est Étienne à l'appareil.
   M2: Ici Olivier. C'est demain qu'on va au musée du cinéma?
   M1: Oui, c'est ça.
   M2: Alors, où est-ce qu'on se retrouve?
   M1: Devant le musée à trois heures. Ça va?
   M2: Bon. D'accord. À demain.

2 M: Je vais à la patinoire cet après-midi. Tu veux venir avec moi?
   F: Oui, je veux bien. Où est-ce qu'on se voit?
   M: À l'arrêt d'autobus?
   F: O.K. A quelle heure?
   M: À deux heures dix.
   F: D'accord. À tout à l'heure.

3 F: Il y a une comédie au théâtre cette semaine. On y va mardi?
   M: Je veux bien, mais je ne suis pas libre mardi.
   F: Tu es libre mercredi?
   M: Je regrette, mercredi non plus. Si on y allait jeudi?
   F: D'accord. La pièce commence à vingt heures trente. On se rencontre devant le théâtre à huit heures et quart?
   M: Oui, ça va.

4 M1: Si on allait à la piscine?
   M2: Moi, je n'en ai pas envie.
   M1: Bon, d'accord. On va à la foire. À quelle heure?
   M2: Je passerai chez toi vers trois heures et demie.

5 F1: Qu'est-ce qu'on fait aujourd'hui? Si on sortait?
   F2: Oui, si tu veux, mais où veux-tu aller?
   F1: À la maison des jeunes?
   F2: Non, elle est fermée aujourd'hui.
   F1: Dans ce cas, si on allait au cinéma?
   F2: Non, je ne peux pas. C'est trop cher.
   F1: Bof! Où veux-tu aller alors? Au café?
   F2: Bonne idée! Je te verrai au café dans une heure.

C'est combien?

1 M: Deux places à l'orchestre, s'il vous plaît.
   F: Voilà, monsieur. Ça fait trente-huit francs.

2 F: C'est combien à l'orchestre, s'il vous plaît?
   M: Seize francs, mademoiselle.
   F: Alors, trois balcons, s'il vous plaît.
   M: Trente-trois francs, mademoiselle.

3 F: Trois entrées, s'il vous plaît.
   M: Voilà, mademoiselle. Quarante-cinq francs.

4 M: Est-ce qu'il y a un tarif réduit pour étudiants?
   F: Oui, monsieur. C'est demi-tarif. Vous avez votre carte d'étudiant?
   M: Oui, voilà.
   F: Merci, monsieur. Une entrée, demi-tarif. Ça fait cinq francs.

Sondage touristique

M: Pardon, madame, est-ce que je peux vous poser quelques questions s'il vous plaît? C'est pour un sondage sur le tourisme à Montpellier.
F: Eh bien, je peux pas dire non . . . non, je veux bien . . .
M: C'est gentil. D'abord, d'où êtes-vous?
F: De Dijon.
M: Et vous êtes ici avec qui?
F: Avec mon mari et nos deux enfants.
M: Et vous êtes arrivés quand?
F: Il y a trois jours, samedi dernier.
M: Vous restez combien de temps ici?
F: Huit jours, puis on va sur la côte.
M: Quel est votre mode d'hébergement?
F: Nous sommes dans un hôtel du centre.
M: Comment est-ce que vous avez connu la ville?
F: J'ai lu un article dans un magazine, je l'ai montré à mon mari, et puis on s'est décidé tout de suite.
M: Qu'est-ce que vous aimez le plus à Montpellier?
F: Je ne sais pas, exactement. Je crois que c'est plutôt l'ambiance: c'est gai, ensoleillé, mais avec moins de touristes que sur la côte.
M: Est-ce qu'il y a quelque chose que vous auriez aimé trouver ici, mais qui manque en fait?
F: Seulement une chose pour moi – la mer! Mais vous ne pouvez rien y faire, évidemment!
M: Et quelle est votre impression de Montpellier?
F: On s'amuse bien ici. C'est différent des autres centres, parce que la vie est plus normale que dans des centres vraiment touristiques. C'est bien, c'est bien.
M: Ah! J'ai failli oublier. Quel est votre mode de transport, s'il vous plaît, madame?
F: Autocar. Mon mari et moi, nous n'aimons pas conduire, et puis l'autocar, c'est tellement bon marché.
M: Madame, je vous remercie et . . . bonnes vacances.
F: Pas du tout, monsieur . . . merci.

Troisième Leçon

Entendu

Qu'est-ce qu'il a dit?

1 F: C'est combien pour envoyer une lettre aux États-Unis?
   M: 3F50, mademoiselle.

2 F: La poste restante, c'est quel guichet, s'il vous plaît?
   M: Numéro 6 mademoiselle. C'est marqué.

3 F: Où est-ce que je peux téléphoner, s'il vous plaît?
   M: Les cabines téléphoniques sont en bas, madame. Descendez l'escalier.

4 F: Y a-t-il une cabine téléphonique près d'ici?
   M: La cabine la plus proche est devant le bureau de poste.

5 F: Je voudrais envoyer un télégramme.
M: Oui, madame. Prenez un formulaire.

6 F: Je voudrais téléphoner à Belfast. Pouvez-vous me donner l'indicatif?
M: Oui, mademoiselle. C'est le 19 44 232.

7 M: Allo. Je voudrais téléphoner en Angleterre en P.C.V.
F: Oui, monsieur. Quelle ville?

8 F: Excusez-moi, monsieur. Cette cabine ne marche pas. Il n'y a pas de tonalité.
M: Désolé, mademoiselle. Cette cabine est en panne pour le moment. Il faut attendre qu'une autre cabine soit libre.

9 M: Allô. C'est Jean à l'appareil.
F: Je voudrais parler à Madame Lafitte.
M: Ne quittez pas, madame.

10 F: Voilà votre argent, monsieur, 403F30.
M: Merci. Pourriez-vous me donner la monnaie de cent francs?

Des coups de téléphone

1 From Arnaud.
M: Pascal n'est pas là? Dommage. Voudriez-vous lui dire que je ne peux pas l'accompagner au club ce soir. Je suis trop pressé. Merci.

2 From Sandrine.
F: Oui, je sais que Francine n'est pas là, mais j'espère que tu pourras lui donner un message. C'est que je vous invite toutes les deux, Francine et toi, à une surprise-partie chez moi, vendredi soir. D'accord?

3 From Monsieur Bertrand.
M: Voulez-vous demander à Monsieur Collet de me téléphoner aussitôt que possible. C'est urgent. Mon numéro est 03 47 88

4 From Madame Tissot.
F: Madame Collet? Ah, je voulais tout simplement lui dire que la robe que je lui ai faite est maintenant finie. Je l'apporterai demain après-midi, si ça ne la dérange pas.

5 From the Charlemagne store.
M: Le frigidaire que Madame Collet a commandé est arrivé. Nous le livrerons jeudi matin.

Interview

M: Mademoiselle Sylvie Sinclair. C'est un nom anglais, n'est-ce pas?
F: Oui, mais c'est bien mon nom. Mon père est Américain.
M: Et vous habitez à Paris. Est-ce que vous aimez Paris?
F: Ah oui, c'est magnifique. Il y a toujours des choses à faire, des spectacles à voir.
M: Si vous pouviez habiter une autre ville, laquelle choisiriez-vous?
F: New York, sans doute. J'adore les comédies musicales et les grands magasins, et les gens sont si aimables.
M: Vous avez déjà eu beaucoup de succès avec vos disques. Est-ce que vous aimeriez faire autre chose?
F: Ah oui, ça va sans dire. Je voudrais faire du théâtre, des films peut-être.
M: Si vous n'étiez pas vedette de la chanson, que feriez-vous dans la vie?
F: Euh, je ne sais pas vraiment. À l'école, j'étais très faible en français, en mathématiques . . . en tout. Je travaillerais avec des animaux peut-être. J'aimerais ça.
M: Vous avez des animaux domestiques?
F: Vous parlez! J'ai deux chiens, trois chats, des lapins, des canaris et en plus, je viens d'acheter un cheval.
M: Votre maison doit être assez grande.

F: Nous avons déménagé récemment. J'habite avec mes parents et mes deux frères dans une vieille ferme à la campagne. J'espère acheter encore des animaux.
M: Qu'est-ce que vous aimez comme sport?
F: Je n'ai pas le temps de pratiquer un sport. De temps en temps je vais au gymnase pour faire du gym-tonic.
M: Merci Sylvie Sinclair et bonne chance avec votre dernier disque.
F: Merci à vous et à tout le monde. Au revoir.

Quatrième Leçon

Entendu

Comment vas-tu?

1 F: Comment vas-tu, Benoît?
M: Pas mal. Je suis un peu enrhumé. C'est tout.

2 M: Bonjour Paulette. Comment vas-tu?
F: Je ne vais pas bien aujourd'hui. J'ai mal au cœur depuis ce matin.

3 M: Salut Brigitte. Tu vas mieux? *better*
F: Oui, un peu, mais j'ai toujours mal au ventre, et je crois que j'ai de la fièvre. *tummy ache*

4 F: Comment allez-vous, Monsieur Duval?
M: Assez bien, merci. Mon dos me fait mal, mais ce n'est pas grave. *serious* *back*

5 M: Bonjour Madame Clusot. Comment allez-vous?
F: Je me sens vraiment malade. Mes pieds me font mal. *very* J'ai mal au dos et à l'épaule. Et maintenant je commence à avoir la grippe, j'en suis sûre. *flu*

Chez le pharmacien . . . ou la pharmacienne

1 M: Je peux vous aider, mademoiselle?
F: Je voudrais quelque chose contre le mal de mer.
M: Pour adultes ou enfants?
F: Pour adultes.
M: Ceci est très bon.

2 M: Bonjour, madame. Je voudrais des aspirines.
F: Oui, monsieur. Un grand tube ou un petit?
M: Le grand tube, s'il vous plaît. Et donnez-moi aussi du sparadrap.

3 F: Avez-vous ce médicament, s'il vous plaît? Le nom est écrit sur ce papier.
M: Je regrette, madame. Pour ça il faut une ordonnance.
F: Tant pis! Je vais aller voir le médecin.

4 F: Monsieur?
M: Je voudrais une bonne crème solaire et quelque chose contre les piqûres d'insectes.
F: Vous partez en vacances, monsieur?
M: Oui, demain. Nous allons en Afrique.

5 F: Bonjour, monsieur. Pouvez-vous m'aider? Ma fille a mal à l'estomac depuis hier. Pourriez-vous me conseiller quelque chose?
M: Ça dépend, madame. Est-ce qu'elle a de la fièvre aussi?
F: Non, pas de fièvre.
M: Dans ce cas prenez ces cachets.

6 M: Bonjour, mademoiselle. Avez-vous quelque chose contre la toux?

F: Oui, monsieur. Ces pastilles sont très bonnes, et il y a aussi du sirop. Que préférez-vous?
M: Je préfère les pastilles.
F: Bien. Prenez une ou deux pastilles deux ou trois fois par jour et avant de vous coucher.

Qu'est-ce que le médecin a dit?

1 F: Je ne vais pas très bien, docteur.
M: Je vais vous examiner. Ouvrez la bouche, s'il vous plaît.
2 F: Qu'est-ce que j'ai, docteur?
M: Ce n'est pas grave. Rentrez chez vous et restez au lit jusqu'à demain.
3 F: C'est mon pied, docteur. Je suis tombée en descendant l'escalier.
M: Rien n'est cassé. Vous vous êtes foulé la cheville.
4 F: Qu'est-ce que je dois faire, docteur?
M: Voilà une ordonnance. Prenez un comprimé trois fois par jour, après les repas.
5 F: J'ai très mal au ventre docteur.
M: Voyons. Ah! Il vous faut aller tout de suite à l'hôpital.

Cinquième Leçon

Entendu

Je peux vous aider?

1 M: Oui mademoiselle? Je peux vous aider?
F: J'espère que oui. Ma montre ne marche pas. Pourriez-vous la réparer?
M: Voyons. Je crois que oui. Revenez dans deux ou trois jours, mademoiselle. Voilà un reçu.
2 F: J'ai cassé la lanière de ma sandale. Vous pouvez la réparer?
M: Pas de problème, madame. Vous voulez attendre? Ça ne prendra que cinq minutes.
3 F: Bonjour, monsieur. Qu'est-ce qu'il y a pour votre service?
M: Je voudrais faire réparer mes lunettes. Je les ai laissées tomber.
F: Ah, non, monsieur. Nous ne faisons pas de réparations. Essayez à la bijouterie.
4 F: Je voudrais faire nettoyer cette jupe, s'il vous plaît.
M: Oui, mademoiselle. Votre nom, s'il vous plaît?
F: Delon. Elle sera prête quand?
M: Demain.
F: Et ça coûtera combien?
5 F: Bonjour, monsieur. Pouvez-vous me nettoyer cette jupe pour ce soir?
M: Je regrette, mademoiselle. Pour ce soir c'est impossible. Il est déjà deux heures.
6 M: Je voudrais faire nettoyer ce pantalon.
F: Oui, monsieur.
M: Vous faites du stoppage aussi?
F: Oui, monsieur.
M: Alors, il y a un trou là.
F: Mmm. Il est assez grand. Nous ferons de notre mieux.

M: Il sera prêt quand?
F: Jeudi matin, monsieur.
7 M1: Vous avez un service de dépannage?
M2: Non, monsieur. Nous vendons de l'essence. C'est tout.
8 M1: Vous avez un service de dépannage?
M2: Oui, monsieur. Vous êtes en panne?
M1: Oui, à cinq kilomètres d'ici.
M2: Mais vous êtes arrivé en voiture.
M1: Oui, j'ai fait de l'auto-stop.
M2: Bon. Je pourrai réparer votre voiture cet après-midi si le problème n'est pas trop grave.

Des automobilistes ont des problèmes

1 M: Pouvez-vous vérifier les freins, s'il vous plaît? Il me semble qu'ils ne marchent pas bien.
2 F: Comme vous voyez, le pare-brise est cassé. Est-ce que vous faites un service de pare-brise?
3 M: Vous vendez des pièces de rechange? J'ai besoin d'une ampoule pour le phare.
4 F: Je crois qu'il me faut une nouvelle batterie. Voulez-vous la vérifier, s'il vous plaît?
5 M: Je voudrais faire réparer le pneu de ma roue de secours. J'ai crevé ce matin.

Jeu de définitions: les métiers

1 M: Je contrôle les voyageurs, surtout aux ports et aux aéroports, mais aussi aux frontières. Je m'occupe de leurs bagages et de tout objet interdit qu'ils peuvent porter sur eux.
2 M: J'essaie de divertir, de plaire à mon auditoire ou à ceux qui m'écoutent à la radio, à la télévision et même dans les rues.
3 M: J'aide les gens qui sont en danger, qui ont eu un accident, ou qui risquent de perdre leur habitation dans un incendie.
4 M: Je passe beaucoup de temps assis, mais j'ai un métier très important pour la sécurité des gens – et je ne suis pas du tout immobile!
5 F: J'accueille les clients quand ils arrivent pour passer quelques jours dans l'établissement où je travaille.
6 M: Je travaille dans une usine où l'on fabrique des postes de téléphone. Je dessine de nouveaux modèles et je parle aux clients qui ont des problèmes avec leur équipement.
7 F: Je prends les billets des voyageurs quand ils arrivent à l'aéroport, j'enregistre leurs bagages, et je leur donne des renseignements, s'ils en ont besoin.
8 M: Je m'occupe de la vente des billets dans la gare, et de temps en temps j'aide les voyageurs qui ont des problèmes.
9 M: J'étonne ceux qui me voient sortir un lapin de mon chapeau, faire sortir des pigeons du vide ou couper une jeune dame en deux (sans lui faire mal).

Sixième Leçon

Entendu

Les téléspectateurs

M1: Pour moi, les meilleures émissions, ce sont les jeux, comme 'Le jeu des 24 heures' ou 'Osez-vous le faire?'

F1: Mais non, ils sont ridicules, ces jeux; il n'y a que les imbéciles qui regardent ça.

M2: Je suis d'accord. Je trouve que les jeux sont de très mauvais goût. Je ne les regarde jamais.

F2: Moi, je pense que, les jours de pluie, lorsqu'on n'a absolument rien à faire, ça va. Mais à part ça . . .

F1: Et les sports? Moi, je trouve tous les sports à la télé passionnants.

M1: Oui, c'est comme si tu y étais.

F2: C'est vrai, mais il y en a un que je trouve ennuyeux – c'est l'équitation. C'est vraiment ennuyeux.

M2: D'accord, c'est pas très intéressant mais c'est quand même pas mal.

F2: A mon avis, le plus passionnant, c'est les films, surtout les films policiers.

M1: Ce que j'aime, moi, ce sont les vieux films classiques. J'en ai vu trois ou quatre, comme 'La Dame aux Camélias', par exemple.

F1 Vous avez vu le vieux western qu'on a passé le weekend dernier? C'était formidable. Je regarde tous les westerns.

M2: Moi, je pense que les meilleurs films classiques, ce sont les films comiques, de Buster Keaton et de Charlot.

Et comme dessert?

M1: Les desserts, mmmm! Moi, j'adore les tartes: les tartes aux pommes, aux poires, aux abricots . . .

F1: Euh! Dégoûtant, tout ce sucre; ça te fait mal.

M2: Je suis d'accord. C'est beaucoup mieux de manger les fruits au naturel. Moi, j'aime bien les melons, les pêches, les bananes . . .

F2: Pour moi, la meilleure façon de manger les fruits, c'est en salade, tous les fruits mélangés, avec un sirop délicieux.

M1: Autre chose que j'aime c'est les gâteaux, surtout les gâteaux au chocolat avec de la crème fraîche.

F1: Les gâteaux oui, ça va, mais le gâteau aux cerises c'est le meilleur, à mon avis.

M2: Vous ne pensez jamais à la ligne vous autres? Le dessert le plus sain, le plus rafraîchissant, c'est un yaourt.

F2: C'est vrai, surtout un yaourt aux fruits.

M2: Non, un yaourt nature, j'insiste. Les autres ont un goût artificiel – c'est comme les glaces – ils ont tous un parfum trop fort, trop artificiel.

M1: Mais non, une glace c'est le dessert parfait, une nuit d'été comme celle-ci.

L'éducation: privilège ou perte de temps?
(Extrait de l'émission 'Table Ronde')

M1 (*présentateur*): L'éducation, un sujet qui concerne tout le monde; les collégiens, les étudiants, les parents, les futurs parents même. Qu'est-ce que vous en pensez? Sylvie, à toi.

F1: Moi, je pense que, de nos jours, l'éducation c'est une perte de temps. On n'apprend rien au collège sauf des tas de choses inutiles.

M2: Je ne suis pas d'accord. Il est vraiment important d'apprendre tout ce qu'on peut. Sinon, on ne trouvera jamais de travail.

F2: Moi, je trouve que l'éducation, ça sert à deux choses: d'abord à se préparer pour le monde du travail, puis je pense qu'il est aussi important d'apprendre à vivre avec les autres.

F1: D'accord, mais ça on peut l'apprendre sans aller en classe, en vivant avec les copains.

F2: Tu penses vraiment qu'on peut passer toute sa jeunesse dans les rues?

M2: Moi, je pense qu'il faut étudier pas mal de choses: les maths, la physique, les langues. Sans ça, on ne peut rien faire.

F1: C'est pas vrai. Aujourd'hui, même les gens les mieux éduqués ne trouvent pas de travail. L'éducation n'a rien à voir avec le travail.

M2: Comment? Tu crois donc qu'on trouvera un poste aussi facilement sans le bac qu'avec le bac?

F1: Bien sûr. D'ailleurs au collège les professeurs ne t'enseignent que des théories, des dates, les choses qu'ils ont apprises eux-mêmes, il y a longtemps.

Septième Leçon

Écoutez

Que disent-ils?

1 F: Quel magasin! C'est toujours la même chose. On ne trouve jamais ce qu'on cherche.

2 M: Je vous demande pardon, madame. Permettez-moi de ramasser vos provisions. C'était de ma faute. Je suis vraiment désolé.

3 F: Formidable! C'est le plus beau cadeau que j'aie jamais reçu. Merci, André.

4 M: Pardon, madame. Pouvez-vous m'aider? Je cherche le rayon des disques.

5 F: Venez dîner chez nous samedi soir, si vous êtes libres.

6 M: C'est vrai! Moi, aussi, je trouve la télévision ennuyeuse.

7 F: Mais tu as tort. Ce n'est pas du tout comme ça.

8 M: Oh, je ne sais pas. Ça dépend. Je crois que je vais prendre celui-ci, mais je ne suis pas sûr.

9 F: Merci, non. Je ne fume plus.

10 M: Qu'est-ce que tu penses de mon nouveau pull?

Salade de fruits

F: Voici une recette pour la salade de fruits:
   1 Ajoutez une grande cuillerée de sucre
   2 Coupez les fruits en petits morceaux
   3 Couvrez le bol et attendez deux ou trois heures
   4 Servez avec de la crème fraîche
   5 Mettez-les dans un bol
   6 Choisissez au moins cinq fruits différents
   7 Mélangez légèrement
   Euh, pardon! Je me suis trompée! Je vais recommencer . . .

Hyper-achat

(F1 *mother*, F2 *Julie* [*daughter*])

F1: Écoute, Julie, il faut que j'aille faire des achats. Tu veux m'accompagner?

F2: Où tu vas exactement, maman?

'1: Je ne sais pas encore. Quel hyper-marché tu préfères?

'2: Attends, je vais voir dans le journal les promotions spéciales qu'on fait cette semaine. Tu as une liste des choses qu'il te faut?

'1: Oui, voici.

'2: Et voici le journal. Voyons, au Centre Commercial Lefèvre il y a 'tout pour le ménage', des articles de savonnerie/parfumerie, et d'électroménager: surtout des frigidaires et des fours à micro-ondes. A Rhino tu as des prix spéciaux pour les produits laitiers, et pour les vêtements hommes et femmes.

'1: Et qu'est-ce qu'on fait à Bon Chemin?

'2: Là, c'est 'tout pour l'école' – cartables, livres, cahiers, papeterie, vêtements . . .

'1: Alors, c'est facile, n'est-ce pas? Tu vois ce qu'il y a sur ma liste? Il n'y a qu'un hypermarché où on puisse faire des économies . . . (*fades*)

Météo

M: Le début de la journée sera frais avec de belles éclaircies. Le temps se détériorera ensuite avec l'arrivée d'une couverture nuageuse qui pourra donner quelques pluies sur l'extrême nord de la région pendant l'après-midi. Sur le soir ou pendant la nuit, une petite bande pluvieuse traversera la région et il fera plutôt froid.

Interview avec une Anglaise

M: Alors, Jenny, est-ce que ton séjour en France se passe bien?

': Très bien, merci Guy. J'ai déjà rencontré une dizaine de jeunes Français. Tout le monde est très aimable.

M: Tu as visité mon collège hier. Qu'en penses-tu?

': Je ne suis pas sûre. Il est beaucoup plus grand que le mien, mais je n'ai vu que deux professeurs. À mon avis, vous avez trop d'heures de cours.

M: Est-ce que tu aimes la cuisine française?

': Je la trouve délicieuse. La mère de ma correspondante prépare des repas magnifiques. Et hier soir nous avons dîné dans un restaurant. J'ai surtout aimé les crudités et la tarte aux pommes. Ce que je n'aime pas tellement, c'est le fromage. Franchement, je préfère les fromages anglais.

M: Tu m'as dit que tu avais visité Paris. Tu penses qu'elle est belle, notre capitale?

': Formidable! J'étais tout à fait ravie par les monuments et les magasins.

M: Tu as préféré les vieux monuments ou les bâtiments modernes?

': Le Louvre est peut-être plus beau que le Centre Pompidou, mais, pour moi, le Centre Pompidou est plus intéressant.

M: Est-ce que tu as beaucoup regardé la télévision?

': Un peu, mais j'ai du mal à comprendre. Il me semble qu'il y a beaucoup d'émissions américaines doublées en français, surtout les films.

M: Oui, c'est vrai. Quand est-ce que tu rentres en Angleterre?

': Vendredi prochain, mais je ne veux pas y penser. Il me reste quatre jours, et il y a beaucoup de choses à faire. Maintenant, j'ai rendez-vous avec Yvonne. Il me faut te quitter, Guy.

M: D'accord, Jenny. Amuse-toi bien.

Huitième Leçon

Écoutez

Un coup de téléphone

M: Allô, ici Pierre. Je suis arrivé sain et sauf. Nous avons eu un très bon voyage. Ça s'est passé sans incident. Mais, en arrivant chez moi, je n'ai pas retrouvé quelques uns de mes papiers. Je crois que je les ai laissés dans le tiroir de ma chambre. Il y a ma carte d'identité, plusieurs lettres et de l'argent français.
Excuse-moi de te déranger, mais pourrais-je te demander de me les envoyer? Ils sont assez importants, surtout ma carte d'identité.

Les gens se plaignent

1 M: Il y a toujours trop de monde. On ne peut pas garer sa voiture, on est toujours pressé, et l'air – ce n'est pas bon pour la santé.

2 F: Trop de publicité, trop de sport; très peu d'information sauf les scandales. Je les lis uniquement pour mon horoscope.

3 M: Quelques-uns sont sympas, mais, en général, ils sont trop sévères. Je voudrais bien leur parler franchement, mais c'est impossible. Ils partent tout de suite après le cours.

4 M: Elles font un bruit affreux, surtout le soir et le weekend, quand on cherche le calme à la maison ou à la campagne.

5 F: Ils nous disent qu'ils rendront notre vie parfaite, qu'ils ont les solutions de tous nos problèmes – mais, évidemment, ce n'est pas vrai. Il y aura toujours la violence, le chômage, les impôts, les inégalités. Moi. je ne les crois jamais.

6 F: La qualité est très mauvaise. On a presque tous les jours la même chose: les actualités, un jeu, un vieux film, du sport. Chaque soir, je m'endors en la regardant.

Attention aux panneaux

1 F: Au mois de juin on a décidé de visiter la petite ville de Cordes, qui se trouve sur une colline au nord d'Albi. Eh bien, pour arriver au sommet, il faut prendre une rue étroite qui part de la partie basse de la ville. Papa disait qu'il connaissait bien la route, mais il s'est trompé plusieurs fois et a commencé à se fâcher. Maman, ma sœur Yvette et moi, nous avons toutes proposé à papa de demander le chemin à un passant. Au début il a refusé, mais il s'est enfin arrêté sur une petite place et il a demandé à un facteur qui passait: «Pardon, monsieur, pour aller au sommet, s'il vous plaît?» Le facteur l'a regardé en souriant et a répondu, en indiquant un panneau à côté de notre voiture: «La route est juste en face, monsieur. Regardez le panneau!»

2 F: Au début septembre maman et papa sont allés seuls rendre visite à l'oncle Henri, qui habite à Bordeaux. Ils ont passé le week-end chez lui et ils sont repartis le dimanche, mais très tard. Ils ont donc dû passer la nuit dans un hôtel à Montauban. Quand ils sont rentrés lundi matin, papa était furieux parce qu'il avait une amende de trois cents francs pour avoir mal garé sa voiture dans la rue. «C'est scandaleux» a-t-il dit, «il y avait un tas de voitures dans la rue ce soir-là». «Oui, chéri», a répondu maman, très patiente, «mais tu n'as pas bien regardé le panneau, on peut y stationner seulement pendant la journée»!

3 F: Vers la fin août maman, papa et moi, nous sommes allés à Gaillac, centre des fameux vins de Gaillac. Ce n'est pas loin – pas plus de vingt-cinq kilomètres – et nous sommes arrivés vers midi, juste à temps pour prendre le déjeuner. Papa nous a laissées devant un petit restaurant et il est reparti garer la voiture dans une rue voisine. Après le déjeuner, on a fait un petit tour, et puis, on est allé visiter le Musée du Vin, que j'ai trouvé très intéressant. Vers cinq heures, c'était l'heure de rentrer, et papa nous a conduites à la voiture, très heureuses après une belle journée. Mais je n'ose pas répéter ce qu'il a dit quand il a vu que la voiture avait les phares complètement brisés. Mon Dieu, ce qu'il a crié! Et il n'a pas cessé de crier quand maman lui a fait remarquer que la voiture se trouvait à côté de la sortie d'un magasin, où un panneau indiquait qu'il y avait des camions qui sortaient toute la journée!

4 F: Juste avant la rentrée des classes, au milieu septembre, maman a voulu nous emmener à Toulouse, acheter des vêtements et de l'équipement pour le collège. Comme toujours, c'est papa qui conduisait, et comme il y avait pas mal de circulation, il a décidé de prendre une petite route qu'il connaissait et qui nous emmènerait plus vite à Toulouse. A mi-chemin on a vu un panneau qui indiquait qu'on ne pouvait pas aller plus loin, mais papa n'en a pas tenu compte. «Pas de problème» a-t-il dit en souriant, «on peut toujours en sortir». Mais quatre kilomètres plus loin, il y avait un grand trou sur la route. Il a fallu faire demi-tour et reprendre la grande route, où il y avait encore plus de circulation. Cette fois c'est maman qui s'est fâchée, car nous avons perdu presqu'une heure à cause des bêtises de papa. Et elle avait raison!

Une visite à Monestiés

F: Écoute, Jean-Luc, tu sais que je vais à Monestiés avec une copine cet après-midi. Tu connais?

M: Ah, oui, c'est chouette, Monestiés. Il y a pas mal de choses à voir.

F: Par où je commence?

M: Eh bien, tu arrives par la route de Blaye, tu traverses le pont, et tu peux te garer à gauche, Boulevard de Candèze.

F: C'est loin du centre?

M: Ah non, pas du tout! Regarde ce plan. Tu prends la rue en face du pont, et tu arrives à la place de la Mairie. C'est une très jolie place, avec la mairie à gauche. Puis, derrière la mairie, tu verras une autre vieille place, la place de l'Église, où se trouve l'église gothique de St-Pierre.

F: On peut la visiter?

M: Bien sûr, et ça vaut la peine. Puis tu sors de la place par la rue du Château, et sur ta droite tu verras le château de Candèze. Tu passes par la Porte de la Cité, tu tournes à droite et sur la gauche tu as le vieux Pont de Candèze. Tu continues de faire le tour de la ville, mais au carrefour tu continues tout droit, et au bout, en face, tu arriveras au 'boulodrome', Tu tournes à droite, et puis, en face de la cabine téléphonique, tu prends la première rue à droite, t continues tout droit, et tu débouches sur une petite place qui s'appelle Place de la Case.

F: Ce que c'est compliqué!

M: En fait, tu n'es pas loin de la voiture. Tu traverses la place, et tu sors à gauche, et te revoilà Place de la Mairie!

F: Et maintenant la visite est finie, monsieur le guide?

M: Pas tout à fait. De l'autre côté de la place, il y a un petit marché couvert au coin de la rue.

F: Et puis on sort par où on est entré? Merci, Jean-Luc, tu es vraiment un guide extra.

M: C'est un plaisir . . . Bonne journée!

Écrivez

Un message téléphonique

M: Il n'est pas là? Tant pis! Alors, pourrais-tu lui dire que notre téléviseur est en panne et je ne peux pas regarder le grand match ce soir. J'aimerais bien venir chez lui pour l regarder s'il est d'accord. J'arriverai vers huit heures et quart. Si ce n'est pas possible, demande-lui de me donner un coup de téléphone. Tu as compris? Merci.